40일
완성

중학 략
영단어  3

내공 중학 영단어 3권 감수에 참여해주신 분들

고경민	김윤경	김창환	김한나	류헌규	문장엽	박병원
박해리	송수희	송정후	우경인	음승표	이동호	이상준
이정철	정수림	채진오	함선임	허부배	홍대균	홍창익

지은이 박건후, 김형규, 이건희
펴낸이 정규도
펴낸곳 (주)다락원

초판 1쇄 발행 2015년 3월 2일
초판 4쇄 발행 2022년 11월 21일

편집 박소현, 김민아, 이동호, 김민주, 서정아
디자인 김나경, 임미영
영문 감수 Mark Holden

다락원 경기도 파주시 문발로 211
내용문의: (02)736-2031 내선 504
구입문의: (02)736-2031 내선 250~252
Fax: (02)732-2037
출판등록 1977년 9월 16일 제406-2008-000007호

값 9,000원

ISBN 978-89-277-0757-8 54740
     978-89-277-0754-7 54740 (set)

http://www.darakwon.co.kr

• 다락원 홈페이지를 방문하시면 상세한 출판정보와 함께 동영상강좌,
  MP3자료 등 다양한 어학 정보를 얻으실 수 있습니다.

중학교 12종 교과서 완벽 분석

40일 완성

내신 공략

중학 영단어

박건후 | 김형규 | 이건희 지음

3

DARAKWON

내공 중학 영단어 시리즈는 오로지 교과서에 맞춘 중학교 어휘 책입니다. 12종 교과서 핵심 어휘들과 함께 교과서 관련 어구, 교과서 응용 문장, 학교 시험에서 자주 출제되는 5가지 대표 어휘 유형을 반복 훈련하면서 어휘 실력을 향상합니다.

★ (내신 기본 단어 + 내신 심화 단어) × 교과서 관련 어구 → 20단어 + @
★ 내신 기초 쌓기 + 내신 기초 쌓기 추가 문장 → 20문장
★ 내신 실전 문제 → 내신 대표 어휘 유형 문제 풀이

40일 완성

교과서 단어가 한눈에 보이는 3단 구성!

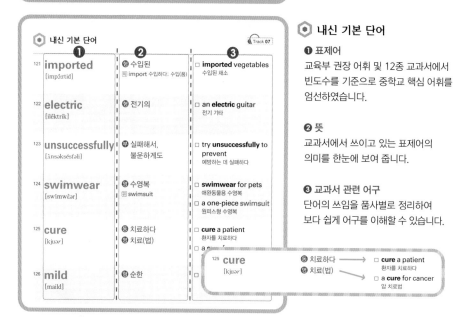

내신 기본 단어

❶ 표제어
교육부 권장 어휘 및 12종 교과서에서 빈도수를 기준으로 중학교 핵심 어휘를 엄선하였습니다.

❷ 뜻
교과서에서 쓰이고 있는 표제어의 의미를 한눈에 보여 줍니다.

❸ 교과서 관련 어구
단어의 쓰임을 품사별로 정리하여 보다 쉽게 어구를 이해할 수 있습니다.

내신 심화 단어

내신 기본 단어 이외에 학생들이 자주 시험에서 틀리거나 철자가 어려운 어휘를 모아 심화어로 선정하였습니다.

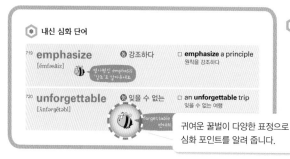

귀여운 꿀벌이 다양한 표정으로 심화 포인트를 알려 줍니다.

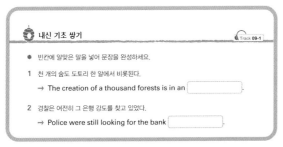

내신 기초 쌓기

앞에서 학습한 교과서 핵심 단어와 관련 어구를 활용하여 교과서 응용 문장을 쉽게 완성합니다.

🏅 내신 기초 쌓기 Track 09-1

● 빈칸에 알맞은 말을 넣어 문장을 완성하세요.

1 천 개의 숲도 도토리 한 알에서 비롯된다.
→ The creation of a thousand forests is in an [_____].

2 경찰은 여전히 그 은행 강도를 찾고 있었다.
→ Police were still looking for the bank [_____].

내신 실전 문제

학교 시험에서 자주 출제되는 5가지 대표 어휘 유형을 실제 내신 시험처럼 매일 연습해볼 수 있습니다.

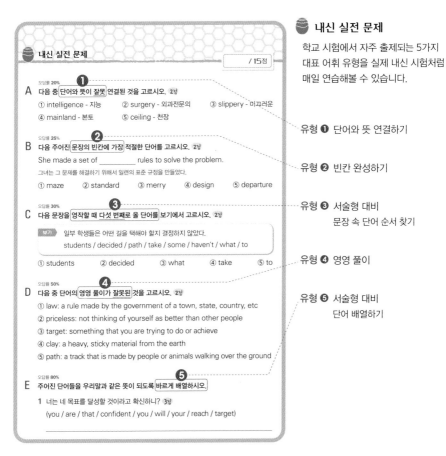

🥚 내신 실전 문제   / 15점

❶
오답률 20%
A 다음 중 단어와 뜻이 잘못 연결된 것을 고르시오. 2점
① intelligence - 지능   ② surgery - 외과전문의   ③ slippery - 미끄러운
④ mainland - 본토   ⑤ ceiling - 천장

- 유형 ❶ 단어와 뜻 연결하기

❷
오답률 25%
B 다음 주어진 문장의 빈칸에 가장 적절한 단어를 고르시오. 2점
She made a set of _____ rules to solve the problem.
그녀는 그 문제를 해결하기 위해서 일련의 표준 규정을 만들었다.
① maze   ② standard   ③ merry   ④ design   ⑤ departure

- 유형 ❷ 빈칸 완성하기

❸
오답률 30%
C 다음 문장을 영작할 때 다섯 번째로 올 단어를 보기에서 고르시오. 2점
> 보기 일부 학생들은 어떤 길을 택해야 할지 결정하지 않았다.
> students / decided / path / take / some / haven't / what / to
① students   ② decided   ③ what   ④ take   ⑤ to

- 유형 ❸ 서술형 대비
  문장 속 단어 순서 찾기

- 유형 ❹ 영영 풀이

❹
오답률 50%
D 다음 중 단어의 영영 풀이가 잘못된 것을 고르시오. 2점
① law: a rule made by the government of a town, state, country, etc
② priceless: not thinking of yourself as better than other people
③ target: something that you are trying to do or achieve
④ clay: a heavy, sticky material from the earth
⑤ path: a track that is made by people or animals walking over the ground

- 유형 ❺ 서술형 대비
  단어 배열하기

❺
오답률 80%
E 주어진 단어들을 우리말과 같은 뜻이 되도록 바르게 배열하시오.
1 너는 네 목표를 달성할 것이라고 확신하니? 3점
(you / are / that / confident / you / will / your / reach / target)
_____

그 밖에 **교육부 권장 어휘**와 **교과서 빈도수**를 표시한 Index와 **3종 이상의 다양한 테스트지**를 원하는 대로 뽑아 쓸 수 있는 **문제출제프로그램**으로 중학교 핵심 어휘를 완벽하게 학습할 수 있습니다. (http://voca.darakwon.co.kr)

Index		
achievement	148	★
acid	111	
acknowledge	147	★
acorn	43	★
addicted	166	
admire	70	★

목 차

발음기호표

모음

a	ㅏ	**line** [lain] 선		e	ㅔ	**bed** [bed] 침대
i	ㅣ	**pin** [pin] 핀		o	ㅗ	**bowl** [boul] 그릇
u	ㅜ	**book** [buk] 책		ɔ	ㅗ (ㅓ에 가까운)	**dog** [dɔ(:)g] 개
ʌ	ㅓ (강한)	**bus** [bʌs] 버스		ə	ㅓ (약한)	**again** [əgén] 다시
æ	ㅐ	**cat** [kæt] 고양이		ɛ	ㅔ (약한)	**bear** [bɛər] 곰

자음

b	ㅂ	**bike** [baik] 자전거		d	ㄷ	**door** [dɔːr] 문
g	ㄱ	**game** [geim] 게임		h	ㅎ	**house** [haus] 집
k	ㅋ	**cake** [keik] 케이크		l	ㄹ	**lion** [láiən] 사자
m	ㅁ	**milk** [milk] 우유		n	ㄴ	**nose** [nouz] 코
p	ㅍ	**pen** [pen] 펜		r	ㄹ	**ring** [riŋ] 반지
s	ㅅ	**song** [sɔ(:)ŋ] 노래		t	ㅌ	**tiger** [táigər] 호랑이
v	ㅂ	**violin** [vàiəlín] 바이올린		f	ㅍ	**free** [fri:] 자유의
z	ㅈ	**rose** [rouz] 장미		ð	ㄷ	**mother** [mʌ́ðər] 어머니
θ	ㅆ	**three** [θri:] 셋		ʃ	쉬	**she** [ʃi:] 그녀
tʃ	취	**chair** [tʃɛər] 의자		ŋ	받침ㅇ	**king** [kiŋ] 왕
dʒ	쥐 (강한)	**jam** [dʒæm] 잼		ʒ	쥐	**vision** [víʒən] 시력
j	이	**yellow** [jélou] 노란색		w	우	**window** [wíndou] 창문

알아야 할 내용

🐝 첫째

각 단어 앞의 표시들은 그 단어의 품사, 즉 성격을 나타내 줍니다.

045 **laughter** 　　　 명 웃음
　　[lǽftər] 　　　 파 laugh 웃다

- 동 **동사** 　움직임이나 상태를 나타내는 말입니다.
- 대 **대명사** 사람이나 사물의 이름을 대신 나타냅니다.
- 명 **명사** 　이 세상에 존재하는 모든 것들의 이름을 나타냅니다.
- 형 **형용사** 명사나 대명사의 모양, 상태, 성질 등을 나타냅니다.
- 부 **부사** 　동사나 형용사 또는 다른 부사의 뜻을 더 자세히 나타냅니다.
- 전 **전치사** 명사 앞에 와서 시간, 장소, 방향 등을 나타냅니다.
- 접 **접속사** 단어와 단어, 문장과 문장 등을 연결해 주는 말입니다.
- 조 **조동사** 동사의 의미를 풍부히 하기 위한 동사의 도우미 동사입니다.
- 감 **감탄사** 놀람, 느낌, 부름이나 대답을 나타내는 말입니다.

🐝 둘째

각 단어는 하나의 품사로 쓰이기도 하고 두 개 이상의 품사로 쓰이기도 합니다.
하나의 품사인 경우에도 뜻이 여럿인 경우가 있습니다. 그런 경우 다음과 같이
정리합니다.

1 　한 단어에 뜻이 여럿인 경우에 숫자로 구분합니다.

　　position 명 1 위치　2 자세

2 　품사가 두 개 이상인 경우에는 따로 표시합니다.

　　design 명 디자인
　　　　　　 동 설계하다

3 　기타 여러 가지 유용한 표현은 다음과 같이 정합니다.

　　숙 숙어
　　반 반대어
　　유 유의어
　　참 참고어
　　파 파생어
　　혼 혼동어
　　복 복수형

DAY 01~40

 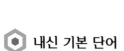

내신 기본 단어

---

001 sickness
[síknis]

명 병

☐ mountain **sickness**
고산병

---

002 horizon
[həráizən]

명 수평선
형 horizontal 수평의

☐ on the **horizon**
수평선에

☐ a horizontal position
수평 자세

---

003 nail
[neil]

명 1 손톱, 발톱
2 못

☐ bite her **nails**
그녀의 손톱을 물어 뜯다

☐ pull out a **nail**
못을 빼다

---

004 contain
[kəntéin]

동 포함[함유]하다

☐ **contain** seeds
씨앗을 함유하다

---

005 document
[dάkjumənt]

명 문서

☐ download a **document**
문서를 다운로드하다

---

006 crown
[kraun]

명 왕관

☐ wear a **crown**
왕관을 쓰다

---

007 dipper
[dípər]

명 국자
동 dip 담그다

☐ the Big **Dipper**
북두칠성 [국자 모양을 이루는
일곱 개의 별]

---

008 development
[divéləpmənt]

명 개발

☐ brain **development**
두뇌 개발

---

009 afterward
[ǽftərwərd]
🖣 그 뒤에, 나중에

☐ soon **afterward**
곧이어

010 satisfy
[sǽtisfài]
🖲 충족[만족]시키다
🖽 satisfaction 만족(감)

☐ **satisfy** users' needs
사용자의 욕구를 충족시키다

☐ give me satisfaction
내게 만족감을 주다

011 foundation
[faundéiʃən]
🖲 기초, 토대

☐ prepare the **foundation**
토대를 마련하다

012 starry
[stáːri]
🖲 별이 반짝이는
🖽 star 별

☐ a **starry** night
별이 빛나는 밤

013 section
[sékʃən]
🖲 구역, 구획

☐ the second **section**
두 번째 구역

014 worldwide
[wə́ːrldwáid]
🖲 세계적인
🖣 세계적으로

☐ a **worldwide** movement
세계적인 운동

☐ successful **worldwide**
세계적으로 성공한

015 pace
[peis]
🖲 속도

☐ at a snail's **pace**
달팽이 같은 속도로

016 crime
[kraim]
🖲 범죄

☐ at the **crime** scene
범죄 현장에서

017 army
[áːrmi]
🖲 군대

☐ work for the **army**
군대에서 근무하다

018 relieve
[rilíːv]
🖲 덜어주다, 없애다

☐ **relieve** stress
스트레스를 풀다

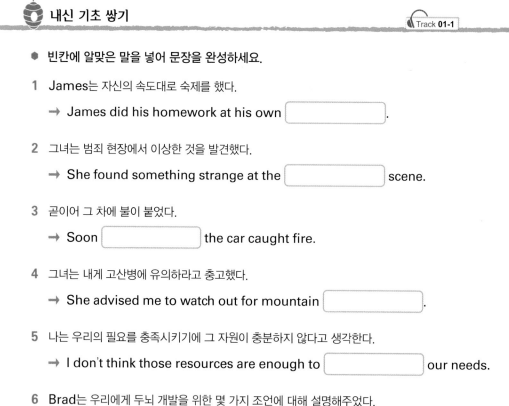

019 **transform**
[trænsfɔ́ːrm]
동 바꾸다
참 transform A into B
A를 B로 바꾸다

transfer '옮기다'와
혼동하지 말아요.

□ **transform** an old tire into a work of art
낡은 타이어를 예술품으로 바꾸다

020 **vocational**
[voukéiʃənəl]
형 직업의

vocation '천직, 소명'이
명사형이에요.

□ a **vocational** school
직업학교

□ my true vocation in life
내 인생의 진정한 소명

🐝 내신 기초 쌓기

Track 01-1

● 빈칸에 알맞은 말을 넣어 문장을 완성하세요.

1 James는 자신의 속도대로 숙제를 했다.
→ James did his homework at his own _____.

2 그녀는 범죄 현장에서 이상한 것을 발견했다.
→ She found something strange at the _____ scene.

3 곧이어 그 차에 불이 붙었다.
→ Soon _____ the car caught fire.

4 그녀는 내게 고산병에 유의하라고 충고했다.
→ She advised me to watch out for mountain _____.

5 나는 우리의 필요를 충족시키기에 그 자원이 충분하지 않다고 생각한다.
→ I don't think those resources are enough to _____ our needs.

6 Brad는 우리에게 두뇌 개발을 위한 몇 가지 조언에 대해 설명해주었다.
→ Brad explained to us some tips for brain _____.

오답률 20%

A 다음 중 단어와 뜻이 **잘못** 연결된 것을 고르시오. **2점**

① vocational - 직업의　　② pace - 속도　　③ satisfy - 충족시키다

④ contain - 함유하다　　⑤ development - 범죄

오답률 25%

B 다음 주어진 문장의 빈칸에 가장 적절한 단어를 고르시오. **2점**

They spent most of their time preparing the _____ for the house.

그들은 집의 토대를 다지는 데 대부분의 시간을 보냈다.

① crown　　② foundation　　③ nail　　④ dipper　　⑤ document

오답률 30%

C 다음 문장을 영작할 때 네 번째로 올 단어를 보기에서 고르시오. **2점**

> **보기** ⟩ 나는 낚시에 관한 많은 문서들을 발견했다.
> I / a / of / about / found / lot / documents / fishing

① fishing　　② about　　③ lot　　④ found　　⑤ of

오답률 50%

D 다음 중 단어의 영영 풀이가 **잘못된** 것을 고르시오. **2점**

① sickness: a condition in which you have an illness

② army: a large organization of soldiers who are trained to fight wars on land

③ relieve: to make pain or another bad physical feeling less unpleasant

④ starry: change, growth, or improvement over a period of time

⑤ section: one of the parts that form something

오답률 80%

E 주어진 단어들을 우리말과 같은 뜻이 되도록 바르게 배열하시오.

1 폭풍우를 몰고 올 구름이 수평선에 형성되고 있다. **3점**

(storm clouds / forming / are / on / horizon / the)

_____

2 Cindy는 낡은 타이어들을 멋진 예술 작품으로 바꾸었다. **4점**

(Cindy / the / into / old / transformed / wonderful / works / art / of / tires)

_____

🔷 내신 기본 단어

 Track 02

| 021 | **diet**
[dáiət] | 몡 1 식단, 식사
2 다이어트 | ☐ a balanced **diet**
균형 잡힌 식사
☐ go on a **diet**
다이어트를 하다 |

| 022 | **lightweight**
[láitwèit] | 혱 가벼운 | ☐ a **lightweight** racquet
가벼운 라켓 |

| 023 | **sparkle**
[spá:rkl] | 통 반짝거리다 | ☐ **sparkle** through the night
밤새 반짝거리다 |

| 024 | **cable**
[kéibl] | 몡 케이블(철제 밧줄) | ☐ by **cable** car
케이블카로 |

| 025 | **boost**
[bu:st] | 통 북돋우다 | ☐ **boost** my energy
나의 기운을 북돋우다 |

| 026 | **drunkenness**
[dráŋkənnis] | 몡 취기, 취한 상태
파 drunken 술 취한 | ☐ level of **drunkenness**
술에 취한 정도
☐ a drunken driver
술 취한 운전자 |

| 027 | **odor**
[óudər] | 몡 냄새 | ☐ a terrible **odor**
불쾌한 냄새 |

| 028 | **inner**
[ínər] | 혱 안쪽의 | ☐ the **inner** box
안쪽의 상자 |

029	**leadership** [líːdərʃìp]	몡 리더십, 지도력	☐ show **leadership** 리더십을 발휘하다
030	**base** [beis]	몡 1 《야구》 (1, 2, 3)루 2 근거	☐ run to third **base** 3루로 뛰다 ☐ a **base** of comparison 비교의 근거
031	**frown** [fraun]	동 얼굴[눈살]을 찌푸리다	☐ **frown** with concern 근심으로 얼굴을 찌푸리다
032	**beep** [biːp]	동 삐 소리를 내다	☐ **beep** 5 times 다섯 번 삐 소리를 내다
033	**anniversary** [æ̀nəvə́ːrsəri]	몡 기념일	☐ the 10th **anniversary** 10주년 기념일
034	**outgoing** [áutgòuiŋ]	톙 외향적인	☐ an **outgoing** personality 외향적인 성격
035	**indeed** [indíːd]	튄 정말로, 참으로	☐ **Indeed**, a great challenge lies ahead. 참으로 큰 도전이 앞에 놓여 있다.
036	**assistance** [əsístəns]	몡 부조, 도움 ㉠ assist 돕다	☐ public **assistance** 공적 부조 [생활 보호] ☐ assist the homeless 노숙자들을 돕다
037	**smoke** [smouk]	동 담배를 피우다 몡 연기	☐ **smoke** in the cafe 카페에서 담배를 피우다 ☐ No **smoke** without fire. 아니 땐 굴뚝에 연기 나랴.
038	**crutch** [krʌtʃ]	몡 목발	☐ use **crutches** 목발을 사용하다

039 **absolute**
[ǽbsəlùːt]
형 완전한, 절대적인
□ an **absolute** freedom
완전한 자유

040 **deafness**
[défnis]
명 귀먹음, 난청
□ notice his **deafness**
그의 청각 장애를 알아차리다

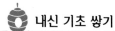 끝에 '-ness'가 붙으면 명사가 돼요.

🐝 내신 기초 쌓기

 Track 02-1

● 빈칸에 알맞은 말을 넣어 문장을 완성하세요.

1 Rebecca는 네가 좀 더 외향적이 되길 바란다.

→ Rebecca wants you to be more [   ].

2 테니스 선수들에게는 가벼운 라켓이 좋다.

→ A [   ] racquet is good for tennis players.

3 참으로 위대한 도전이 우리 모두 앞에 놓여 있다.

→ [   ], a great challenge lies ahead of us all.

4 안쪽의 상자에 작고 귀여운 장난감이 하나 있다.

→ There is a small and cute toy inside the [   ] box.

5 반죽이 충분히 부풀어 오르면 그 기계에서 삐 소리가 날 것이다.

→ When the dough has risen long enough, the machine will [   ].

6 쓰레기를 보관하는 뒷방에서 나는 냄새가 지독했다.

→ The [   ] in the back room where the garbage was kept was terrible.

내신 실전 문제

오답률 20%

A 다음 중 단어와 뜻이 <u>잘못</u> 연결된 것을 고르시오. **2점**

① odor - 냄새　　　② indeed - 정말로　　　③ smoke - 연기

④ anniversary - 기념일　　　⑤ crutch - 으깨다

오답률 25%

B 다음 주어진 문장의 빈칸에 가장 적절한 단어를 고르시오. **2점**

Jason was poor enough to receive public _____.

Jason은 기초생활비를 받아야 할 만큼 가난했다.

① sparkle　　② assistance　　③ frown　　④ beep　　⑤ lightweight

오답률 30%

C 다음 문장을 영작할 때 <u>여섯 번째로</u> 올 단어를 보기에서 고르시오. **2점**

> **보기**　　나는 낮잠이 우리의 기운을 북돋아 줄 수 있다고 생각한다.
> I / a / can / our / think / nap / boost / energy

① energy　　② think　　③ nap　　④ boost　　⑤ can

오답률 50%

D 다음 중 단어의 영영 풀이가 <u>잘못된</u> 것을 고르시오. **2점**

① boost: to increase the force, power, or amount of something

② inner: inside or further towards the center of something

③ deafness: partial or complete loss of hearing

④ base: any of the four corners of the diamond, which runners have to reach

⑤ outgoing: weighing less than other things of the same type

오답률 80%

E 주어진 단어들을 우리말과 같은 뜻이 되도록 바르게 배열하시오.

1 Jennifer는 나를 보고 얼굴을 찌푸렸다. **3점**

(Jennifer / at / and / looked / frowned / me)

_____

2 여러분이 완전한 선택의 자유를 가지기란 쉽지 않다. **3점**

(It / not / for / have / the / freedom / of choice / is / easy / you / to / absolute)

_____

DAY 03

내신 기본 단어

Track **03**

041 **absurd** [əbsə́ːrd]	형 터무니없는	☐ seem **absurd** 터무니없어 보이다
042 **index** [índeks]	명 1 색인 2 집게손가락	☐ an author **index** 저자(명) 색인 ☐ his **index** finger 그의 집게손가락
043 **untidy** [ʌntáidi]	형 지저분한	☐ look **untidy** 지저분해 보이다
044 **bathe** [beið]	동 목욕시키다	☐ **bathe** a pet 애완동물을 목욕시키다
045 **laughter** [lǽftər]	명 웃음 파 laugh 웃다	☐ a burst of **laughter** 터져 나온 폭소
046 **cone** [koun]	명 콘, 원뿔	☐ an ice-cream **cone** 아이스크림콘
047 **punishment** [pʌ́niʃmənt]	명 벌, 처벌	☐ two types of **punishment** 두 가지 유형의 처벌
048 **familiarity** [fəmìliǽrəti]	명 익숙함, 친밀[친근]함 반 unfamiliarity 생소함 파 familiar 익숙한	☐ a sense of **familiarity** 친근감 ☐ a feeling of unfamiliarity 생소한 느낌

049 alphabet
[ǽlfəbèt]

명 1 알파벳 2 문자

☐ say the **alphabet**
알파벳을 말하다

☐ the Roman **alphabet**
로마자

050 grave
[greiv]

명 무덤
형 (책임 등이) 무거운

☐ next to the **grave**
무덤 옆에

☐ **grave** responsibilities
무거운 책임

051 term
[təːrm]

명 1 기간, 임기
2 용어, 말

☐ in the long **term**
장기적으로

☐ medical **terms**
의학 용어

052 waterfall
[wɔ́ːtərfɔ̀ːl]

명 폭포

☐ the widest **waterfall**
가장 넓은 폭포

053 native
[néitiv]

형 토착의, 출생지의
혼 naive 순진한

☐ my **native** language
내 모국어

☐ naive and innocent
순진하고 순수한

054 whenever
[ʰwenévər]

접 ~할 때마다

☐ **whenever** I go
내가 갈 때마다

055 suit
[sjuːt]

동 어울리다
명 정장

☐ **suit** him well
그에게 잘 어울리다

☐ wear a **suit**
정장을 입다

056 fertilizer
[fə́ːrtəlàizər]

명 비료

☐ use **fertilizers**
비료를 사용하다

057 shortcut
[ʃɔ́ːrtkʌ̀t]

명 지름길

☐ take a **shortcut**
지름길을 택하다

058 typical
[típikəl]

형 전형적인

☐ a **typical** celebrity ad
전형적인 유명인 (출연) 광고

🔷 내신 심화 단어

059 potential ❸ 잠재적인
[poutén∫əl]

물리학에서 '위치의'라는
뜻으로도 쓰여요.

☐ **potential** customers
잠재 고객들

☐ potential energy
위치 에너지

060 pesticide ❸ 살충제
[péstisàid]

☐ use **pesticide**
살충제를 쓰다

🔶 내신 기초 쌓기

Track **03-1**

● 빈칸에 알맞은 말을 넣어 문장을 완성하세요.

1 Jimmy는 시간을 아끼기 위해서 지름길을 택하곤 했다.

→ Jimmy used to take a [   ] to save time.

2 지훈이는 자신의 축구 스타일이 프리미어 리그에 어울릴 것이라고 생각한다.

→ Jihoon thinks his style of football will [   ] the Premier League.

3 너는 집에 돌아오면 애완동물을 목욕시켜야 한다.

→ You have to [   ] your pet when you return home.

4 웃음이 최고의 약이다.

→ [   ] is the best medicine.

5 요람에서 배운 것은 무덤까지 간다. (세살 버릇 여든까지 간다.)

→ What is learned in the cradle is carried to the [   ].

6 가난한 농부들은 자신들의 가축을 통해 모은 비료만 사용할 수 있다.

→ Poor farmers can use only the [   ] they collect from their animals.

오답률 20%

A 다음 중 단어와 뜻이 잘못 연결된 것을 고르시오. 2점

① absurd - 터무니없는   ② term - 용어   ③ typical - 열대의

④ bathe - 목욕시키다   ⑤ native - 토착의

오답률 25%

B 다음 주어진 문장의 빈칸에 가장 적절한 단어를 고르시오. 2점

When she saw the puppy, she felt a strange sense of _____.

그 강아지를 보았을 때, 그녀는 이상한 친근감을 느꼈다.

① whenever   ② pesticide   ③ familiarity   ④ laughter   ⑤ punishment

오답률 30%

C 다음 문장을 영작할 때 <u>여섯 번째로</u> 올 단어를 보기에서 고르시오. 2점

> 보기   Jackson은 집게손가락으로 자신의 머리를 톡톡 치고 있다.
>
> is / his / head / Jackson / index / with / tapping / finger / his

① with   ② index   ③ tapping   ④ finger   ⑤ his

오답률 50%

D 다음 중 단어의 영영 풀이가 <u>잘못된</u> 것을 고르시오. 2점

① grave: the place where a dead body is buried in the ground

② waterfall: an area where running water falls down from a high place

③ untidy: completely stupid

④ fertilizer: a material that is added to soil to help the growth of plants

⑤ shortcut: a quicker or easier way to do something

오답률 80%

E 주어진 단어들을 우리말과 같은 뜻이 되도록 바르게 배열하시오.

1 LED 전구는 장기적으로 당신의 돈을 절약해줄 것이다. 3점

(will / your / money / the / long / light bulbs / term / save / LED / in)

_____

2 위치 에너지는 물체의 위치로 인해 생겨나는 에너지이다. 4점

(is / the / energy / resulting / potential / energy / from / an / object / of / the / position)

_____

🔷 내신 기본 단어

 Track 04

---

061 **export**
동[ikspɔ́ːrt]
명[ékspɔːrt]

동 수출하다
명 수출

☐ **export** to China
중국으로 수출하다
☐ the **export** department
수출부

---

062 **emotion**
[imóuʃən]

명 감정

☐ express **emotions**
감정을 표현하다

---

063 **properly**
[prάpərli]

부 제대로, 적절히

☐ hold a bat **properly**
방망이를 제대로 잡다

---

064 **candle**
[kǽndl]

명 양초

☐ blow out a **candle**
초를 불어서 끄다

---

065 **intention**
[inténʃən]

명 의도, 의향
파 intend 의도하다
숙 intend to ~할 작정이다

☐ have no **intention** of leaving
떠날 의도가 전혀 없다
☐ intend to quit
그만둘 작정이다

---

066 **ax**
[æks]

명 도끼

☐ throw an **ax**
도끼를 던지다

---

067 **totally**
[tóutəli]

부 완전히

☐ **totally** forget
완전히 잊다

---

068 **silence**
[sáiləns]

명 침묵

☐ the sound of **silence**
침묵의 소리

| 069 **worship** [wə́:rʃip] | 동 숭배하다
명 숭배, 예배 | □ blindly **worship**
맹목적으로 숭배하다
□ a place of **worship**
예배 장소 |

069 **worship** [wə́:rʃip]
동 숭배하다
명 숭배, 예배
□ blindly **worship**
맹목적으로 숭배하다
□ a place of **worship**
예배 장소

070 **involve** [inválv]
동 수반[포함]하다
□ **involve** planting trees
나무 심기를 포함하다

071 **dozen** [dʌ́zən]
명 12개
□ half a **dozen**
6개

072 **squid** [skwid]
명 오징어
□ a **squid** dish
오징어 요리

073 **lid** [lid]
명 뚜껑
□ keep the **lid** open
뚜껑을 열어둔 채로 두다

074 **error** [érər]
명 착오, 오류
□ trial and **error**
시행착오

075 **pronounce** [prənáuns]
동 발음하다
□ **pronounce** her name correctly
그녀의 이름을 정확히 발음하다

076 **aware** [əwɛ́ər]
형 알고 있는, 인지하는
숙 be aware of ~을 알고 있다
□ be aware of the risks
위험에 대해 알고 있다

077 **pickle** [píkl]
동 절이다
파 pickled 절인
□ **pickle** a radish
무를 절이다
□ a pickled dish
절인 요리

078 **statement** [stéitmənt]
명 성명(서), 진술
□ issue a **statement**
성명서를 발표하다

079	**mosquito** [məskíːtou]	명 모기	□ the buzz of a **mosquito** 모기의 윙윙 소리
080	secretary [sékrətèri]	명 비서	□ work as a **secretary** 비서로 일하다

🐝 내신 기초 쌓기

 Track **04-1**

● 빈칸에 알맞은 말을 넣어 문장을 완성하세요.

1 나는 오늘이 그녀의 생일이라는 것을 완전히 잊어버렸다.

→ I [   ] forgot that it's her birthday today.

2 너는 방망이를 제대로 잡는 법을 배웠어야 했다.

→ You should have learned how to hold a bat [   ].

3 의장이 그 정책 변동에 대한 성명서를 발표할 것이다.

→ The chairman will issue a [   ] on the policy change.

4 John은 자신의 감정들을 잘 표현하고 싶어했다.

→ John wanted to be good at expressing his [   ].

5 그녀가 인기 있는 작가라는 이유로 맹목적으로 그녀를 숭배해서는 안 된다.

→ You should not blindly [   ] her just because she is a popular writer.

6 그 새 전시회는 다음 달에 6개 도시를 순회할 것이다.

→ The new exhibit will tour half a [   ] cities next month.

내신 실전 문제

/ 15점

A 다음 중 단어와 뜻이 <u>잘못</u> 연결된 것을 고르시오. **2점**

① aware - 모르는　　② statement - 성명서　　③ emotion - 감정

④ worship - 숭배하다　　⑤ pronounce - 발음하다

B 다음 주어진 문장의 빈칸에 가장 적절한 단어를 고르시오. **2점**

Simon has demonstrated how to throw a(n) _____ at a target.

Simon은 과녁을 향해 도끼를 던지는 방법을 보여주었다.

① ax　　② dozen　　③ candle　　④ error　　⑤ mosquito

C 다음 문장을 영작할 때 <u>네 번째</u>로 올 단어를 보기에서 고르시오. **2점**

> **보기**　이 모든 프로그램들은 나무와 다른 식물들을 심는 것을 포함한다.
> these / involve / trees / and / all / programs / other / planting / vegetation

① programs　　② involve　　③ vegetation　　④ trees　　⑤ planting

D 다음 중 단어의 영영 풀이가 <u>잘못된</u> 것을 고르시오. **2점**

① intention: a tool that has a heavy metal blade and a long handle

② export: to send a product to another country to be sold there

③ squid: a sea animal that has a long, thin, soft body and 10 long arms

④ include: to have someone or something as a part of something

⑤ lid: a cover on a box, can, or jar that can be lifted or removed

E 주어진 단어들을 우리말과 같은 뜻이 되도록 바르게 배열하시오.

1 너는 네가 무엇을 하고 있는지 알고 있어야 한다. **3점**

(you / to / be / have / what / are / doing / aware / of / you)

_____

2 Jennifer는 그 회사에서 비서로 근무하고 있었다. **4점**

(Jennifer / working / the / in / a / secretary / company / was / as)

_____

DAY **05**

🔷 내신 기본 단어

🎵 Track **05**

---

081 **scent**
[sent]

명 향기, 향

☐ a special **scent**
특별한 향

---

082 **nag**
[næg]

동 잔소리하다

☐ **nag** him all the time
그에게 늘 잔소리를 하다

---

083 **remote**
[rimóut]

형 1 원격의 2 외딴

☐ **remote** controlled
원격 조정의

☐ a **remote** area
외딴 지역

---

084 **confidence**
[kánfidəns]

명 자신감

☐ with **confidence**
자신감을 가지고

---

085 **exception**
[iksépʃən]

명 예외

파 except ~을 제외하고

☐ an **exception** to the rule
그 규정의 예외

☐ except cheese
치즈를 제외하고

---

086 **drain**
[drein]

동 (차츰) 소모시키다,
고갈시키다

☐ **drain** my energy
내 기운을 빼다

---

087 **none**
[nʌn]

대 아무[하나]도 …않다

☐ **none** at all
하나도 없다

---

088 **perform**
[pərfɔ́ːrm]

동 공연하다

파 performance 공연

☐ **perform** a play
연극을 상연하다

☐ have a performance
공연을 하다

26

089 conqueror
[káŋkərər]

명 정복자
파 conquer 정복하다

□ Spanish **conquerors**
스페인 정복자들

090 outspoken
[àutspóukən]

형 거침없이 말하는, 솔직한

□ an **outspoken** critic
거침없는 비평가

091 bell
[bel]

명 종, 종소리

□ a big **bell**
큰 종

092 lens
[lenz]

명 렌즈

□ contact **lenses**
콘택트 렌즈

093 scratch
[skrætʃ]

명 긁힌 자국
숙 from scratch
맨 처음부터

□ a **scratch** on the screen
화면에 긁힌 자국

□ start again from scratch
맨 처음부터 다시 시작하다

094 automatically
[ɔ̀:təmǽtikəli]

부 자동으로

□ be **automatically** updated
자동으로 업데이트되다

095 abandon
[əbǽndən]

동 버리다, 포기[단념]하다

□ **abandon** this practice
이러한 관행을 버리다

096 communication
[kəmjù:nəkéiʃən]

명 의사소통

□ a means of **communication**
의사소통의 수단

097 license
[láisəns]

명 면허증

□ a driver's **license**
운전 면허증

098 consumer
[kənsjú:mər]

명 소비자
파 consume 소비하다

□ **consumer** needs
소비자 욕구

□ consume oxygen
산소를 소비하다

내신 심화 단어

099 speechless
[spíːtʃlis]
형 말문이 막힌, 말로 표현할 수 없는

□ **speechless** by the news
그 소식에 말문이 막힌

> 명사에 '-(e)ss'가 붙어 부정의 의미를 나타내는 형용사가 되었어요.

100 appetite
[ǽpitàit]
명 식욕

□ lose my **appetite**
식욕을 잃다

내신 기초 쌓기

 Track **05-1**

● 빈칸에 알맞은 말을 넣어 문장을 완성하세요.

1 그 규정에는 예외가 없다.

→ There is no _____ to the rule.

2 이 동영상에는 소형 원격 조정 비행기가 나온다.

→ This video shows a small _____ controlled airplane.

3 이 양초들은 나를 진정시키는 데 도움을 주는 향을 풍긴다.

→ These candles release a _____ which helps calm me down.

4 Kate는 그가 그의 부대를 자신감과 열정을 갖고 이끌어 주기를 바란다.

→ Kate wants him to lead his troops with _____ and passion.

5 그 목록들은 하루에 세 번 자동으로 업데이트 된다.

→ The lists are _____ updated three times a day.

6 우리는 그 자료를 분석해서 맨 처음부터 다시 시작하기로 결정했다.

→ We decided to analyze the data and start again from _____.

오답률 20%

A 다음 중 단어와 뜻이 **잘못** 연결된 것을 고르시오. 2점

① bell - 종   ② drain - 고갈시키다   ③ nag - 잔소리하다

④ scent - 향   ⑤ scratch - 늘이다

오답률 25%

B 다음 주어진 문장의 빈칸에 가장 적절한 단어를 고르시오. 2점

They have consistently pressed Rex to _____ his idea.

그들은 Rex가 그의 생각을 단념하도록 줄곧 압력을 넣고 있다.

① abandon   ② conqueror   ③ remote   ④ none   ⑤ lens

오답률 30%

C 다음 문장을 영작할 때 **여섯 번째**로 올 단어를 보기에서 고르시오. 2점

> 보기   Steve는 현대 문학에 대한 거침없는 비평가로 알려져 있다.
>
> is / Steve / modern / critic / known / as / literature / an / of / outspoken

① critic   ② known   ③ modern   ④ outspoken   ⑤ literature

오답률 50%

D 다음 중 단어의 영영 풀이가 **잘못된** 것을 고르시오. 2점

① speechless: unable to speak

② perform: to do an action or activity that usually requires training or skill

③ confidence: the belief that you are able to do things well

④ exception: far away from other people, houses, cities, etc

⑤ consumer: a person who buys goods and services

오답률 80%

E 주어진 단어들을 우리말과 같은 뜻이 되도록 바르게 배열하시오.

1 Peter는 자신의 운전 면허증을 경찰에게 보여주었다. 3점

(Peter / his / to / the / presented / driver's / police / license)

_____

2 Mike는 그 시험을 본 후에 식욕을 잃었다. 4점

(has / lost / his / Mike / since / appetite / exam / the)

_____

DAY **06**

내신 기본 단어

 Track **06**

| 101 | **tool** | 명 도구 | ☐ a powerful **tool** |
| | w | | 강력한 도구 |

102 **oxygen**
[ɑ́ksidʒən]

명 산소
참 hydrogen 수소

☐ carry **oxygen**
산소를 운반하다
☐ a hydrogen bomb
수소 폭탄

103 **stormy**
[stɔ́ːrmi]

형 폭풍우가 몰아치는

☐ **stormy** weather
폭풍우가 몰아치는 날씨

104 **steam**
[stiːm]

형 증기의
명 증기

☐ **steam** power
증기력

105 **selfish**
[sélfiʃ]

형 이기적인

☐ **selfish** and greedy
이기적이고 탐욕스러운

106 **cement**
[simént]

명 시멘트

☐ mix **cement**
시멘트를 섞다

107 **woodpecker**
[wúdpèkər]

명 딱따구리

☐ a newly hatched
woodpecker
새로 부화한 딱따구리

108 **hardly**
[hɑ́ːrdli]

부 거의 …아니다[않다]

☐ can **hardly** believe
거의 믿지 못하다

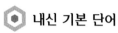

109 combine
[kəmbáin]

동 결합하다
숙 be combined with
~와 결합되다

□ **combine** two files
두 개의 파일을 결합하다

110 clearance
[klí(:)ərəns]

명 정리, 정돈
파 clear 치우다

□ a **clearance** sale
창고 정리 판매
□ clear the table
식탁을 치우다

111 reusable
[ri:jú:zəbl]

형 재사용할 수 있는

□ a **reusable** bottle
재사용할 수 있는 병

112 itch
[itʃ]

명 가려움
동 가렵다, 근질근질하다

□ suffer from **itch**
가려움에 시달리다
□ **itch** all over
온 몸이 가렵다

113 trial
[tráiəl]

명 시도

□ **trial** and error
시행착오

114 relaxed
[ril□kst]

형 편안한, 느긋한

□ feel **relaxed**
편안함을 느끼다

115 checkup
[tʃékʌp]

명 검진

□ a regular **checkup**
정기 검진

116 tidy
[táidi]

형 정돈된

□ a **tidy** desk
정돈된 책상

117 ignore
[ignɔ́ːr]

동 무시하다

□ **ignore** the small things
사소한 것들을 무시하다

118 fingerprint
[fíŋgərprìnt]

명 지문

□ leave a **fingerprint**
지문을 남기다

내신 심화 단어

| 119 | **medieval**
[mìːdíːvəl] | 형 중세의 | □ **Medieval** Period
중세 시대 |

| 120 | **reptile**
[réptail] | 명 파충류
형 파충류의 | □ a large **reptile**
몸집이 큰 파충류
□ a **reptile** house
파충류 우리 |

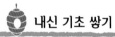 ## 내신 기초 쌓기

  Track **06-1**

● 빈칸에 알맞은 말을 넣어 문장을 완성하세요.

1 정기 검진을 하는 것이 건강을 유지하기 위한 최고의 방법이다.

→ Getting a regular ⬚ is the best way to stay healthy.

2 그녀는 태어나서부터 줄곧 이기적이고 탐욕스러웠다.

→ Ever since she was born, she has been ⬚ and greedy.

3 너는 네 인생에서 사소한 것조차도 무시하면 안 된다.

→ You should not ⬚ even the small things in your life.

4 부모님 앞에서 연습하는 것이 네가 좀 더 편안함을 느끼게 해줄 것이다.

→ Practicing in front of your parents will make you feel more
⬚.

5 그 탑은 폭풍우 치는 날씨에도 쓰러지지 않을 정도로 매우 강해야 한다.

→ The tower needs to be strong enough to hold up in ⬚
weather.

6 거북이와 뱀 같은 대부분의 파충류들은 부모의 보살핌 없이 살아남는다.

→ Most ⬚ such as turtles and snakes survive without
their parents' care.

오답률 20%

A 다음 중 단어와 뜻이 <u>잘못</u> 연결된 것을 고르시오. **2점**

① tool - 도구   ② woodpecker - 딱따구리   ③ fingerprint - 지문

④ reusable - 귀중한   ⑤ relaxed - 느긋한

오답률 25%

B 다음 주어진 문장의 빈칸에 가장 적절한 단어를 고르시오. **2점**

Physical exercise pumps the blood to carry _____ to our brain.

신체 운동은 우리의 뇌에 산소를 운반하도록 피를 내보낸다.

① checkup   ② oxygen   ③ hardly   ④ cement   ⑤ trial

오답률 30%

C 다음 문장을 영작할 때 <u>일곱 번째</u>로 올 단어를 보기에서 고르시오. **2점**

> **보기** ▶ 새로운 발상은 실용적인 지식과 결합돼야 한다.
>
> new / a / idea / needs / knowledge / to / be / combined / with / practical

① idea   ② create   ③ new   ④ combined   ⑤ something

오답률 50%

D 다음 중 단어의 영영 풀이가 <u>잘못된</u> 것을 고르시오. **2점**

① steam: the hot gas that is created when water is boiled

② tidy: keeping things clean and organized

③ stormy: relating to or affected by a storm

④ reptile: a chemical that is found in the air

⑤ ignore: to refuse to notice

오답률 80%

E 주어진 단어들을 우리말과 같은 뜻이 되도록 바르게 배열하시오.

1 내 친구들은 창고 정리 판매에서 물건 사는 것을 좋아한다. **3점**

(friends / my / like / shop / sales / to / at / clearance)

_____

2 나는 생선을 먹으면 몸 전체가 가렵다. **4점**

(if / I / fish / get / all / eat / an / itch / over / I / my / body)

_____

DAY **07**

121	**imported** [impɔ́:rtid]	형 수입된 파 import 수입하다; 수입(품)	☐ **imported** vegetables 수입된 채소
122	**electric** [iléktrik]	형 전기의	☐ an **electric** guitar 전기 기타
123	**unsuccessfully** [ʌ̀nsəksésfəli]	부 실패해서, 불운하게도	☐ try **unsuccessfully** to prevent 예방하는 데 실패하다
124	**swimwear** [swímwɛ̀ər]	명 수영복 유 swimsuit	☐ **swimwear** for pets 애완동물용 수영복 ☐ a one-piece swimsuit 원피스형 수영복
125	**cure** [kjuər]	동 치료하다 명 치료(법)	☐ **cure** a patient 환자를 치료하다 ☐ a **cure** for cancer 암 치료법
126	**mild** [maild]	형 순한	☐ a **mild** curry 순한 카레
127	**external** [ikstɔ́:rnəl]	형 외부적인	☐ an **external** factor 외부적인 요인
128	**war** [wɔ:r]	명 전쟁	☐ the Korean **War** 한국전쟁

129	**lyric** [lírik]	**명** 가사	□ the **lyrics** of the song 그 노래의 가사
130	**elect** [ilékt]	**동** 선출하다	□ be **elected** as a mayor 시장으로 선출되다
131	**greatness** [gréitnis]	**명** 위대함 **파** great 위대한, 훌륭한	□ the **greatness** of Hangeul 한글의 위대함
132	**burst** [bə:rst]	**동** (감정을) 터뜨리다, 터지다	□ **burst** into tears 눈물을 터뜨리다
133	**operate** [ápərèit]	**동** 1 운영하다 2 수술하다	□ **operate** a system 제도를 운영하다 □ **operate** on his eyes 그의 눈을 수술하다
134	**pretend** [priténd]	**동** ~인 척하다	□ **pretend** not to know 모르는 척하다
135	**plaza** [plɑ:zə]	**명** 광장	□ a central **plaza** 중앙 광장
136	**fist** [fist]	**명** 주먹	□ a **fist** fight 주먹다짐
137	**soul** [soul]	**명** 영혼 **유** spirit	□ body and **soul** 혼신을 다해 [몸과 영혼을 다해]
138	**perfectly** [pə́:rfiktli]	**부** 완벽하게 **파** perfect 완벽한	□ **perfectly** safe 완벽하게 안전한

내신 심화 단어

139 deceive
[disíːv]

동 속이다

☐ **deceive** an enemy
적을 속이다

140 compost
[kámpoust]

명 퇴비

☐ make **compost**
퇴비를 만들다

내신 기초 쌓기

● 빈칸에 알맞은 말을 넣어 문장을 완성하세요.

1 외부적인 요인들로 그 회사는 폐업하게 되었다.

→ [   ] factors caused the company to close down.

2 그 광장은 깃발들과 장식 리본들로 꾸며질 것이다.

→ The [   ] will be decorated with flags and streamers.

3 그들은 수입 채소에 20%의 세금을 부과하기로 결정했다.

→ They decided to put a 20% tax on [   ] vegetables.

4 나는 그 시스템을 조작하는 게 매우 쉽고 경제적이라는 것을 알게 되었다.

→ I found the system very easy and economical to [   ].

5 모든 사람들은 그 소식을 모른 척하려고 노력해야 한다.

→ Everyone has to try to [   ] not to know the news.

6 너는 애완동물용 수영복을 본 적 있니?

→ Have you ever seen [   ] for pets?

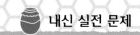 내신 실전 문제

/ 15점

A 오답률 20%

다음 중 단어와 뜻이 <u>잘못</u> 연결된 것을 고르시오. **2점**

① mild - 순한   ② operate - 운영하다   ③ pretend - ~인 척하다

④ external - 극도의   ⑤ imported - 수입된

B 오답률 25%

다음 주어진 문장의 빈칸에 가장 적절한 단어를 고르시오. **2점**

He has made a lot of effort to share the _____ of Hangeul.

그는 한글의 위대함을 공유하기 위해서 많은 노력을 해왔다.

① compost   ② war   ③ greatness   ④ soul   ⑤ swimwear

C 오답률 30%

다음 문장을 영작할 때 <u>열 번째</u>로 올 단어를 보기에서 고르시오. **2점**

> **보기**   그는 아픈 사람들을 치료할 수 있는 의사가 되고 싶어한다.
> he / to / a / can / people / cure / who / wants / doctor / sick / be

① who   ② cure   ③ doctor   ④ people   ⑤ sick

D 오답률 50%

다음 중 단어의 영영 풀이가 <u>잘못된</u> 것을 고르시오. **2점**

① fist: the hand closed as for hitting something

② elect: to select by vote for an office or a position

③ plaza: an open public area that is usually near city buildings

④ cure: to make someone healthy again after an illness

⑤ lyric: a state or period of fighting between countries or groups

E 오답률 80%

주어진 단어들을 우리말과 같은 뜻이 되도록 바르게 배열하시오.

1 그 고통은 그녀로 하여금 눈물을 터뜨리게 했다. **3점**

(the / made / burst / tears / into / her / pain)

_____

2 그들은 거짓말을 해서 그녀를 속이려 했다. **4점**

(by / deceive / they / tried / a / telling / to / her / lie)

_____

🔷 내신 기본 단어

Track 08

141 **humble** [hʌ́mbl]	형 겸손한	☐ live a **humble** life 겸손한 삶을 살다
142 **surgery** [sə́:rdʒəri]	명 수술 참 surgeon 외과 전문의	☐ recover from **surgery** 수술에서 회복하다 ☐ a brain surgeon 뇌 외과 전문의
143 **mainland** [méinlæ̀nd]	명 본토	☐ far from the **mainland** 본토에서 멀리 떨어진
144 **departure** [dipá:rtʃər]	명 출발	☐ a morning **departure** 오전 출발
145 **slippery** [slípəri]	형 미끄러운	☐ a **slippery** road 미끄러운 길
146 **design** [dizáin]	명 디자인 동 설계하다	☐ a new **design** 새로운 디자인 ☐ **design** a kitchen 부엌을 설계하다
147 **merry** [méri]	형 즐거운	☐ have a **Merry** Christmas 즐거운 성탄절을 보내다
148 **maze** [meiz]	명 미로	☐ out of a **maze** 미로 밖으로

149 **standard** [stǽndərd]
형 표준의
명 표준
- standard rules
  표준 규정
- below the standard
  표준 이하의

150 **headache** [hédèik]
명 두통
- a bad headache
  극심한 두통

151 **clay** [klei]
명 찰흙
- made of clay
  찰흙으로 만들어진

152 **path** [pæθ]
명 길
- a coastal path
  해안 길

153 **frankly** [frǽŋkli]
부 솔직히
- frankly speaking
  솔직히 말해서

154 **target** [tá:rgit]
명 1 목표 2 과녁
- reach a target
  목표를 달성하다

155 **republic** [ripʌ́blik]
명 공화국
- the Republic of Ireland
  아일랜드 공화국

156 **ceiling** [sí:liŋ]
명 천장
- stare at the ceiling
  천장을 응시하다

157 **law** [lɔː]
명 법
- make a law
  법을 만들다

158 **engine** [éndʒin]
명 엔진
- a car engine
  자동차 엔진

159 **intelligence**
[intélidʒəns]
명 지능
□ artificial **intelligence**
인공지능

160 **priceless**
[práislis]
형 귀중한
유 valuable
□ **priceless** works of art
귀중한 예술품

-less를 보고 반대의 의미로
착각하면 안돼요.

🐝 **내신 기초 쌓기**

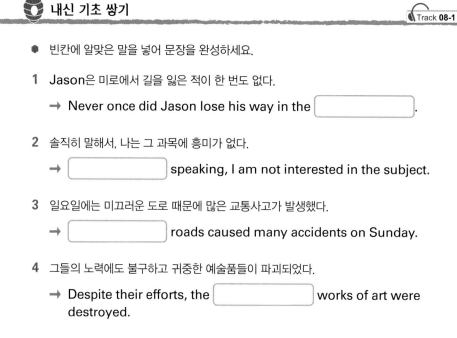

Track 08-1

● 빈칸에 알맞은 말을 넣어 문장을 완성하세요.

1 Jason은 미로에서 길을 잃은 적이 한 번도 없다.

→ Never once did Jason lose his way in the ⬚.

2 솔직히 말해서, 나는 그 과목에 흥미가 없다.

→ ⬚ speaking, I am not interested in the subject.

3 일요일에는 미끄러운 도로 때문에 많은 교통사고가 발생했다.

→ ⬚ roads caused many accidents on Sunday.

4 그들의 노력에도 불구하고 귀중한 예술품들이 파괴되었다.

→ Despite their efforts, the ⬚ works of art were destroyed.

5 Rex는 오전에 특별 관광 기차를 타고 서울을 떠날 것이다.

→ Rex will make a morning ⬚ from Seoul by special tour train.

6 Jennifer의 강아지는 수술에서 회복한 후 다시 달릴 수 있었다.

→ Jennifer's dog was able to run again after recovering from ⬚.

내신 실전 문제

A 오답률 20%

다음 중 단어와 뜻이 잘못 연결된 것을 고르시오. **2점**

① intelligence - 지능   ② surgery - 외과전문의   ③ slippery - 미끄러운

④ mainland - 본토   ⑤ ceiling - 천장

B 오답률 25%

다음 주어진 문장의 빈칸에 가장 적절한 단어를 고르시오. **2점**

She made a set of _____ rules to solve the problem.

그녀는 그 문제를 해결하기 위해서 일련의 표준 규정을 만들었다.

① maze   ② standard   ③ merry   ④ design   ⑤ departure

C 오답률 30%

다음 문장을 영작할 때 다섯 번째로 올 단어를 보기에서 고르시오. **2점**

> **보기** 일부 학생들은 어떤 길을 택해야 할지 결정하지 않았다.
> students / decided / path / take / some / haven't / what / to

① students   ② decided   ③ what   ④ take   ⑤ to

D 오답률 50%

다음 중 단어의 영영 풀이가 잘못된 것을 고르시오. **2점**

① law: a rule made by the government of a town, state, country, etc

② priceless: not thinking of yourself as better than other people

③ target: something that you are trying to do or achieve

④ clay: a heavy, sticky material from the earth

⑤ path: a track that is made by people or animals walking over the ground

E 오답률 80%

주어진 단어들을 우리말과 같은 뜻이 되도록 바르게 배열하시오.

1 너는 네 목표를 달성할 것이라고 확신하니? **3점**

(you / are / that / confident / you / will / your / reach / target)

_____

2 성직자의 아들로서, Peter는 매우 겸손하고 종교적인 삶을 살았다. **4점**

(as / the / son / a / minister / Peter / a / very / and / life / humble / of / lived / religious)

_____

DAY 09

Track 09

161	**grand** [grænd]	형 웅장한	☐ a **grand** house 웅장한 주택
162	**robber** [rάbər]	명 강도 파 rob 도둑질하다	☐ a bank **robber** 은행 강도
163	**carve** [kɑ:rv]	동 새기다, 조각하다	☐ **carve** a seal 도장을 파다
164	**nation** [néiʃən]	명 국가	☐ a culturally diverse **nation** 문화적으로 다양한 국가
165	**accomplishment** [əkΛ́mpliʃmənt]	명 성취 유 achievement	☐ a great **accomplishment** 대단한 성취
166	**sausage** [sɔ́(:)sidʒ]	명 소시지	☐ a pork **sausage** 돼지고기 소시지
167	**reward** [riwɔ́:rd]	동 보상하다 명 보상, 포상 파 rewarding 보람 있는	☐ **reward** his hard work 그의 노고를 보상해주다 ☐ receive a **reward** 포상을 받다
168	**badly** [bǽdli]	부 나쁘게	☐ think **badly** of the man 그 남자를 나쁘게 생각하다

169 appeal
[əpíːl]

- 통 관심을 끌다
- 명 호소, 매력

□ **appeal** to all ages
모든 연령대의 관심을 끌다
□ make an **appeal**
호소하다

170 raincoat
[réinkòut]

- 명 우비

□ put on a **raincoat**
우비를 입다

171 rooftop
[rú(ː)ftàp]

- 명 옥상

□ on a **rooftop**
옥상 위에

172 response
[rispáns]

- 명 반응
- 파 respond 반응하다

□ a positive **response**
긍정적인 반응
□ **respond** to the news
그 소식에 반응하다

173 acorn
[éikɔːrn]

- 명 도토리

□ an **acorn** shell
도토리 껍질

174 double
[dʌ́bl]

- 형 두 배의
- 명 두 배, 갑절
- 통 두 배로 하다

□ a **double** room
2인실
□ **double** the amount
양을 두 배로 늘리다

175 safety
[séifti]

- 명 안전

□ a **safety** belt
안전벨트

176 contribute
[kəntríbjuːt]

- 통 기여하다

□ **contribute** to growth
성장에 기여하다

177 lung
[lʌŋ]

- 명 폐

□ **lung** disease
폐 질환

178 freedom
[fríːdəm]

- 명 자유

□ **freedom** of choice
선택의 자유

| 179 **mechanic**
[məkǽnik] | 몡 정비공 | ☐ a car **mechanic**
자동차 정비공 |

| 180 **entrance**
[éntrəns] | 몡 입구 | ☐ a museum **entrance**
박물관 입구 |
| | enter '~에 들어가다'의
명사형이에요. | ☐ **enter** the room
방에 들어가다 |

🐝 내신 기초 쌓기

🎵 Track **09-1**

● 빈칸에 알맞은 말을 넣어 문장을 완성하세요.

1 천 개의 숲도 도토리 한 알에서 비롯된다.

→ The creation of a thousand forests is in an [   ].

2 경찰은 여전히 그 은행 강도를 찾고 있었다.

→ Police were still looking for the bank [   ].

3 치료에 대한 그녀의 반응을 어떻게 추적 관찰할 건가요?

→ How will you monitor her [   ] to treatment?

4 일부 사람들은 폐 질환과 같은 건강상의 문제점을 갖고 있다.

→ Some people have health problems such as [   ] disease.

5 안전벨트가 확실하게 생명을 구해준다는 것을 다른 사람들이 알게 되기를 바란다.

→ I hope others learn that a [   ] belt indeed save lives.

6 Jennifer는 도우려고 한 것뿐이니 그녀를 나쁘게 생각하지 마.

→ Jennifer's only trying to help, so don't think [   ] of her.

A 오답률 20%

다음 중 단어와 뜻이 <u>잘못</u> 연결된 것을 고르시오. 2점

① contribute - 기여하다　　② robber - 강도　　③ grand - 옥상

④ badly - 나쁘게　　⑤ response - 반응

B 오답률 25%

다음 주어진 문장의 빈칸에 가장 적절한 단어를 고르시오. 2점

Graduation from high school is a great _____ in life.

고등학교 졸업은 인생에서 큰 성취이다.

① rooftop　　② nation　　③ accomplishment　　④ raincoat　　⑤ double

C 오답률 30%

다음 문장을 영작할 때 네 번째로 올 단어를 보기에서 고르시오. 2점

> 보기　그 회사는 정보를 제공하는 사람이라면 누구에게든지 보상을 해줄 것이다.
>
> company / will / anyone / who / the / provide / reward / information

① reward　　② who　　③ anyone　　④ information　　⑤ company

D 오답률 50%

다음 중 단어의 영영 풀이가 <u>잘못된</u> 것을 고르시오. 2점

① acorn: the nut of the oak tree

② safety: the state of not being dangerous or harmful

③ carve: to make an object by cutting it from stone or wood

④ freedom: a country that has its own land and government

⑤ lung: either one of the two organs to breathe air

E 오답률 80%

주어진 단어들을 우리말과 같은 뜻이 되도록 바르게 배열하시오.

1 그 제품은 다양한 연령층의 관심을 끌 수 있었다. 3점

(could / to / various / product / the / appeal / age groups)

_____

2 Jennifer가 하고 싶었던 것은 자동차 정비공이 되는 것이었다. 4점

(Jennifer / to / wanted / was / what / become / a / car mechanic / to do)

_____

DAY **10**

🔷 내신 기본 단어

Track **10**

181 **shabby** [ʃǽbi]	휑 낡은	☐ **shabby** jeans 낡은 청바지
182 **neuron** [njú(:)ərɑn]	명 뉴런, 신경세포	☐ a motor **neuron** 운동 신경세포
183 **numeral** [njú:mərəl]	명 숫자	☐ the Arabic **numerals** 아라비아 숫자
184 **tragically** [trǽdʒikəli]	휑 비극적으로, 비참하게 혱 tragic 비극적인	☐ **tragically** unhappy 비극적으로 불행한
185 **issue** [íʃuː]	명 문제 동 발표하다	☐ an environmental **issue** 환경 문제 ☐ **issue** an appeal 호소문을 발표하다
186 **trap** [træp]	명 덫, 함정	☐ escape from a **trap** 함정에서 탈출하다
187 **appearance** [əpí(:)ərəns]	명 외모, 겉모습 혱 appear 나타나다	☐ a strange **appearance** 이상한 외모 ☐ **appear** on the horizon 지평선 위에 나타나다
188 **snore** [snɔːr]	동 코를 골다	☐ **snore** all night 밤새도록 코를 골다

46

189 **pack** [pæk]	**명** 꾸러미, 다발	□ an ice **pack** 얼음 팩
190 **instant** [ínstənt]	**형** 즉석의	□ **instant** noodles 즉석 면류
191 **remain** [riméin]	**통** 여전히 …이다	□ **remain** silent 여전히 잠자코 있다
192 **briefcase** [brí:fkèis]	**명** 서류 가방	□ a laptop computer **briefcase** 노트북 서류 가방
193 **guard** [gɑ:rd]	**명** 경비원	□ a security **guard** 보안 요원
194 **lightly** [láitli]	**부** 가볍게 **파** light 가벼운	□ salt **lightly** 소금을 가볍게 치다
195 **region** [rí:dʒən]	**명** 지역	□ the desert **regions** 사막 지역
196 **flexible** [fléksəbl]	**형** 융통성 있는, 유연한 **반** rigid 엄격한	□ a **flexible** approach 융통성 있는 접근 □ rigid rules 엄격한 규칙
197 **prayer** [prɛər]	**명** 기도 **파** pray 기도하다	□ a **prayer** for the sick 아픈 사람들을 위한 기도
198 **doorstep** [dɔ́:rstèp]	**명** 현관 계단	□ at the **doorstep** 현관 계단에서

199 **concerto** [kəntʃέərtou]	명 협주곡	☐ a violin **concerto** 바이올린 협주곡
200 **encyclopedia** [ensàikləpí:diə]	명 백과사전	☐ a medical **encyclopedia** 의학 백과사전

🐝 내신 기초 쌓기   Track **10-1**

● 빈칸에 알맞은 말을 넣어 문장을 완성하세요.

1 보안 요원이 지난 일요일에 심하게 부상당했다.

→ A security ⬚⬚⬚⬚ was seriously injured last Sunday.

2 몇몇 고풍스런 악기들은 오래되고 낡아 보인다.

→ Some antique musical instruments look old and ⬚⬚⬚⬚.

3 비극적이게도, 그녀의 아버지는 자동차 사고로 돌아가셨다.

→ ⬚⬚⬚⬚, her father was killed in a car accident.

4 우리가 상담하는 방식은 융통성이 있어야 한다.

→ We need to be ⬚⬚⬚⬚ in the way in which we consult.

5 새로운 즉석 면 종류를 고안해낸 분은 소라의 아버지였다.

→ It was Sora's father who invented a new type of ⬚⬚⬚⬚ noodles.

6 Kate는 현관 계단에서 그를 만났을 때 당황한 것 같았다.

→ Kate seemed to be embarrassed when she met him at the ⬚⬚⬚⬚.

A 오답률 20%
다음 중 단어와 뜻이 <u>잘못</u> 연결된 것을 고르시오. **2점**

① guard - 경비원　　　② region - 지역　　　③ neuron - 신경세포

④ instant - 대신　　　⑤ prayer - 기도

B 오답률 25%
다음 주어진 문장의 빈칸에 가장 적절한 단어를 고르시오. **2점**

A beautiful woman with a(n) ＿＿＿＿＿＿ was walking toward David.

서류 가방을 든 미인이 David를 향해 걸어오고 있었다.

① briefcase　　② doorstep　　③ numeral　　④ concerto　　⑤ issue

C 오답률 30%
다음 문장을 영작할 때 <u>여섯 번째</u>로 올 단어를 보기에서 고르시오. **2점**

> **보기** 　아이들이 그들의 외모로 놀림 받게 두지 마라.
> allow / to / teased / about / appearance / don't / children / be / their

① allow　　② appearance　　③ children　　④ don't　　⑤ teased

D 오답률 50%
다음 중 단어의 영영 풀이가 <u>잘못된</u> 것을 고르시오. **2점**

① trap: a piece of equipment used for catching animals

② shabby: able to make changes or deal with a situation that is changing

③ remain: to continue to be in a particular situation or condition

④ snore: to breathe noisily while you sleep

⑤ pack: a set of things tied together

E 오답률 80%
주어진 단어들을 우리말과 같은 뜻이 되도록 바르게 배열하시오.

1 지구 온난화는 환경 문제만은 아니다. **3점**

(global / warming / is / an / issue / only / environmental / not)

＿＿＿＿＿＿＿＿＿＿＿＿＿＿＿＿＿＿＿＿＿＿＿＿＿＿

2 Simon은 20세기 초의 대중음악에 대한 걸어 다니는 백과사전이다. **4점**

(Simon / a / encyclopedia / on / century / popular / is / music / early / 20th / walking)

＿＿＿＿＿＿＿＿＿＿＿＿＿＿＿＿＿＿＿＿＿＿＿＿＿＿

🔷 내신 기본 단어

| 201 **famine**
[fǽmin] | 명 기근 | ☐ a severe **famine**
심각한 기근 |

| 202 **rope**
[roup] | 명 밧줄 | ☐ pull the **rope**
밧줄을 당기다 |

| 203 **vain**
[vein] | 형 헛된
부 in vain 헛되이 | ☐ a **vain** hope
헛된 희망
☐ be in vain
허사가 되다 |

| 204 **wireless**
[wáiərlis] | 형 무선의
파 wire 전선, 선 | ☐ a **wireless** microphone
무선 마이크 |

| 205 **examine**
[igzǽmin] | 동 조사하다 | ☐ **examine** in detail
상세히 조사하다 |

| 206 **anytime**
[énitàim] | 부 언제든지 | ☐ come **anytime**
언제든지 오다 |

| 207 **jewel**
[dʒúːəl] | 명 보석 | ☐ the **jewel** in the crown
그 왕관의 보석 |

| 208 **waterless**
[wɔ́ːtərlis] | 형 물이 없는 | ☐ a **waterless** area
물이 없는 지역 |

209	**coat** [kout]	명 코트	□ take off my **coat** 내 코트를 벗다
210	**refer** [rifə́ːr]	동 언급하다 숙 refer to ~을 언급하다	□ refer to the rumor 그 소문을 언급하다
211	**novel** [nάvəl]	명 소설	□ an adventure **novel** 모험 소설
212	**ginger** [dʒíndʒər]	명 생강	□ garlic and **ginger** 마늘과 생강
213	**gossip** [gάsip]	명 소문, 험담	□ celebrity **gossip** 유명인사의 소문
214	**canned** [kænd]	형 통조림으로 된 파 can 통조림, 깡통	□ **canned** food 통조림 음식
215	**prove** [pruːv]	동 입증[증명]하다, (~임이) 드러나다	□ **prove** true 사실로 드러나다
216	**baseline** [béislàin]	명 기준선, 기준치	□ a **baseline** for a study 연구를 위한 기준선
217	**sweat** [swet]	명 땀 동 땀을 흘리다 혼 sweet 달콤한	□ beads of **sweat** 땀방울 □ **sweat** a lot 땀을 많이 흘리다
218	**overflow** [óuvərflòu]	동 넘쳐흐르다	□ **overflow** a riverbank 강둑 위로 넘쳐흐르다

| 219 | **rainforest** [réinfɔːrist] | 몧 열대우림 | □ the Amazon **rainforest** 아마존 열대우림 |

| 220 | **Antarctica** [æntáːrktikə] | 몧 남극대륙 | □ activities in **Antarctica** 남극대륙에서의 활동 |

Antarctic '남극의', Arctic '북극의'도 함께 알아두세요.

🐝 내신 기초 쌓기　　　　　　　　　　　Track **11-1**

● 빈칸에 알맞은 말을 넣어 문장을 완성하세요.

1 그들은 무선 인터넷이 될 때마다 무선 장치를 써서 통신을 계속했다.

→ They kept in communication by using [　　　　　] devices whenever there was Wi-Fi.

2 몇 년 전에 몇몇 남아프리카 국가들은 심각한 기근을 겪었다.

→ Several North African countries suffered a severe [　　　　　] a few years ago.

3 Mark는 그 소문을 다시는 언급하지 않기로 약속했다.

→ Mark promised never to [　　　　　] to the rumor again.

4 우리는 사막의 한가운데에서 물이 없는 오아시스를 발견했다.

→ We found a [　　　　　] oasis in the middle of the desert.

5 Kate는 매일 아침 줄넘기를 할 계획이다.

→ Kate is planning to jump [　　　　　] every morning.

6 그녀는 유명인사의 소문 같은 것에 별로 관심이 없는 것처럼 보였다.

→ She didn't seem very interested in things like celebrity [　　　　　].

A 오답률 20%

다음 중 단어와 뜻이 잘못 연결된 것을 고르시오. 2점

① canned - 통조림으로 된   ② gossip - 소문   ③ anytime - 언제든지

④ wireless - 무식한   ⑤ baseline - 기준치

B 오답률 25%

다음 주어진 문장의 빈칸에 가장 적절한 단어를 고르시오. 2점

Place the garlic, _____ and onion on top of the meat.

고기 위에 마늘, 생강 그리고 양파를 올려놓아라.

① famine   ② ginger   ③ rope   ④ rainforest   ⑤ coat

C 오답률 30%

다음 문장을 영작할 때 <u>일곱 번째</u>로 올 단어를 보기에서 고르시오. 2점

> 보기   그 운전자는 버스를 멈추려고 시도했지만, 모든 것이 허사였다.
>
> the / tried / stop / bus / but / driver / to / vain / all / in / was / the

① bus   ② stop   ③ all   ④ vain   ⑤ tried

D 오답률 50%

다음 중 단어의 영영 풀이가 <u>잘못된</u> 것을 고르시오. 2점

① sweat: liquid that forms on your skin when you are hot

② overflow: to flow over the top of a container because it is too full

③ jewel: a hard and valuable stone that has been cut and made shiny

④ novel: a long written story about imaginary characters and events

⑤ prove: to mention someone or something

E 오답률 80%

주어진 단어들을 우리말과 같은 뜻이 되도록 바르게 배열하시오.

1 강바닥을 조사하기 위해서 잠수부들이 파견됐다. 3점

(divers / sent in / examine / the bottom / were / the rivers / to / of)

_____

2 그녀는 남극대륙에서의 환경보호에 관심이 있다. 4점

(is / in / environmental / she / interested / protection / in / Antarctica)

_____

내신 기본 단어

 Track 12

| 221 **loop**
[lu:p] | 명 고리 | □ make a **loop**
고리를 만들다 |

| 222 **gladly**
[glǽdli] | 부 기꺼이
파 glad 기쁜 | □ contribute **gladly**
기꺼이 기부하다 |

| 223 **hardworking**
[há:rdwə̀:rkiŋ] | 형 근면한 | □ a **hardworking**
employee
근면한 직원 |

| 224 **surround**
[səráund] | 동 둘러싸다
파 surrounding 주위의 | □ **surround** an enemy
적을 둘러싸다
□ the surrounding
circumstances
주위 환경 |

| 225 **battery**
[bǽtəri] | 명 건전지 | □ a rechargeable **battery**
충전용 건전지 |

| 226 **upgrade**
[ʌ́pgrèid] | 동 승격시키다,
격상하다 | □ **upgrade** to first class
일등석으로 승격시키다 |

| 227 **revolution**
[rèvəljú:ʃən] | 명 혁명 | □ the Industrial **Revolution**
산업혁명 |

| 228 **particular**
[pərtíkjulər] | 형 특별한
숙 in particular 특히 | □ a **particular** case
특별한 경우 |

229 unpack
[ʌnpǽk]

동 짐을 풀다
반 pack 짐을 싸다

□ **unpack** in the bedroom
침실에서 짐을 풀다

230 fantasy
[fǽntəsi]

명 환상

□ a **fantasy** world
환상의 세계

231 remind
[rimáind]

동 생각나게 하다, 상기시키다
참 remind A of B
A에게 B를 생각나게 하다

□ **remind** me of my friend
내게 친구를 생각나게 하다

232 fortunate
[fɔ́ːrtʃənit]

형 운이 좋은

□ feel **fortunate**
운이 좋다고 생각하다

233 highly
[háili]

부 매우
파 high 높이

□ **highly** intelligent
매우 지적인
□ jump high
높이 뛰어오르다

234 release
[rilíːs]

동 1 풀어 주다
2 개봉하다

□ **release** a movie
영화를 개봉하다

235 kindergarten
[kíndərgàːrtən]

명 유치원

□ a **kindergarten** teacher
유치원 교사

236 sustainable
[səstéinəbl]

형 지속가능한

□ **sustainable** growth
지속가능한 성장

237 bull
[bul]

명 황소

□ **bull** fighting
황소 싸움

238 insurance
[inʃú(ː)ərəns]

명 보험

□ medical **insurance**
의료보험

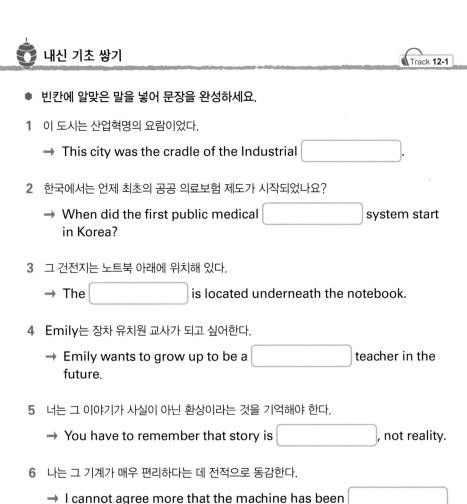

내신 심화 단어

239 cucumber
[kjúːkʌmbər]

명 오이

☐ cool as a **cucumber**
(오이처럼) 대단히 침착한

240 vacuum
[vǽkjuəm]

동 진공청소기로 청소하다

☐ **vacuum** a floor
바닥을 진공청소기로 청소하다

내신 기초 쌓기

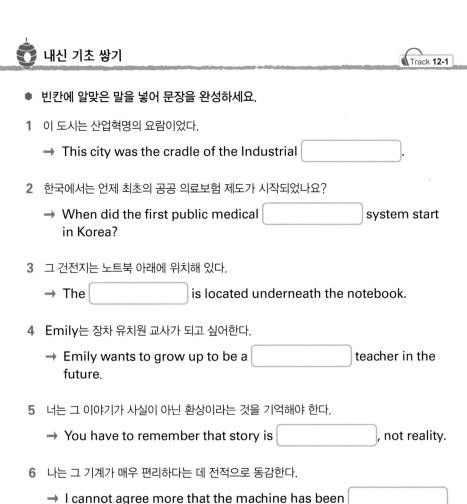
Track **12-1**

● 빈칸에 알맞은 말을 넣어 문장을 완성하세요.

1 이 도시는 산업혁명의 요람이었다.

→ This city was the cradle of the Industrial ⬚.

2 한국에서는 언제 최초의 공공 의료보험 제도가 시작되었나요?

→ When did the first public medical ⬚ system start in Korea?

3 그 건전지는 노트북 아래에 위치해 있다.

→ The ⬚ is located underneath the notebook.

4 Emily는 장차 유치원 교사가 되고 싶어한다.

→ Emily wants to grow up to be a ⬚ teacher in the future.

5 너는 그 이야기가 사실이 아닌 환상이라는 것을 기억해야 한다.

→ You have to remember that story is ⬚, not reality.

6 나는 그 기계가 매우 편리하다는 데 전적으로 동감한다.

→ I cannot agree more that the machine has been ⬚ convenient.

내신 실전 문제

/ 15점

오답률 20%

A 다음 중 단어와 뜻이 잘못 연결된 것을 고르시오. 2점

① battery - 건전지　② hardworking - 딱딱한　③ revolution - 혁명

④ release - 개봉하다　⑤ insurance - 보험

오답률 25%

B 다음 주어진 문장의 빈칸에 가장 적절한 단어를 고르시오. 2점

You _____ me of my best friend who has moved away.

너는 이사를 가버린 가장 친한 친구를 떠오르게 한다.

① particular　② highly　③ upgrade　④ remind　⑤ gladly

오답률 30%

C 다음 문장을 영작할 때 네 번째로 올 단어를 보기에서 고르시오. 2점

> 보기　그 호수는 많은 눈 덮인 산들로 둘러 쌓여 있다.
> is / many / the / snow-capped / lake / surrounded / by / mountains

① lake　② snow-capped　③ by　④ surrounded　⑤ mountains

오답률 50%

D 다음 중 단어의 영영 풀이가 잘못된 것을 고르시오. 2점

① bull: an adult male of the cattle family

② loop: a round shape or curve made by a line curling back toward itself

③ vacuum: a long thin vegetable that has a green skin and is white inside

④ fantasy: a creation of the imagination

⑤ fortunate: having good luck

오답률 80%

E 주어진 단어들을 우리말과 같은 뜻이 되도록 바르게 배열하시오.

1 Simon은 민지가 침실에서 짐을 푸는 것을 도와주고 있다. 3점

(Simon / the / helping / Minji / unpack / is / bedroom / in / to)

_____

2 Will이 내게 차 내부를 진공청소기로 청소해 달라고 부탁했다. 4점

(Will / me / to / the / inside / the / car / asked / of / vacuum)

_____

 내신 기본 단어

---

241 **ladybug**
[léidibàg]

명 무당벌레

☐ pictures of **ladybugs**
무당벌레 사진

---

242 **spongy**
[spʌ́ndʒi]

형 해면질(모양)의,
스펀지 같은

☐ **spongy** bone
해면골

---

243 **progress**
명[prágres]
동[prəgrés]

명 진보, 향상
동 진보하다, 나아가다

☐ make **progress**
진보하다
☐ **progress** slowly
천천히 나아가다

---

244 **bandage**
[bǽndidʒ]

명 붕대

☐ put on a **bandage**
붕대를 감다

---

245 **recent**
[ríːsənt]

형 최근의
파 recently 최근에

☐ **recent** events
최근의 사건들

---

246 **negatively**
[négətivli]

부 부정적으로
파 negative 부정적인

☐ affect our thoughts
negatively
우리 사고에 부정적으로 영향을
미치다

---

247 **approval**
[əprúːvəl]

명 승낙
파 approve 승인하다

☐ father's **approval**
아버지의 승낙
☐ approve a plan
계획을 승인하다

---

248 **graze**
[greiz]

동 1 풀을 뜯다
2 방목하다

☐ **graze** their animals
그들의 동물을 방목하다

---

249 **barrel** [bǽrəl]	몝 (가운데가 불룩한) 통	☐ a wine **barrel** 포도주 통
250 **scholar** [skálər]	몝 학자	☐ leading **scholars** 선두적인 학자들
251 **farmhouse** [fá:rmhàus]	몝 농가	☐ a remote **farmhouse** 외딴 농가
252 **symphony** [símfəni]	몝 교향곡	☐ the ninth **symphony** 9번 교향곡
253 **position** [pəzíʃən]	몝 1 위치 2 자세	☐ misunderstand the **position** 그 위치를 잘못 알다 ☐ an upright **position** 꼿꼿한 자세
254 **collection** [kəlékʃən]	몝 수집품, 소장품 몝 collect 모으다	☐ a stamp **collection** 우표 수집품 ☐ collect data 자료를 모으다
255 **lighthouse** [láithàus]	몝 등대	☐ a **lighthouse** keeper 등대지기
256 **carnival** [ká:rnəvəl]	몝 축제	☐ a local **carnival** 지역 축제
257 **stressful** [strésfəl]	혬 스트레스가 많은	☐ very **stressful** 매우 스트레스가 많은
258 **load** [loud]	몝 짐	☐ a heavy **load** 무거운 짐

259 **chemistry**
[kémistri]
명 화학
□ the early history of **chemistry**
화학의 초기 역사

260 **recharge**
[ri:tʃáːrdʒ]
동 재충전하다
□ **recharge** a battery
건전지를 재충전하다

접두사 're-'는 '다시-'라는 의미예요.

🍯 **내신 기초 쌓기**

🎵 Track **13-1**

● 빈칸에 알맞은 말을 넣어 문장을 완성하세요.

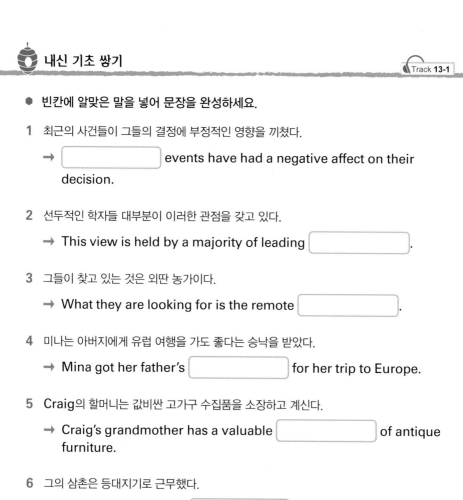

1 최근의 사건들이 그들의 결정에 부정적인 영향을 끼쳤다.

→ [＿＿＿＿＿] events have had a negative affect on their decision.

2 선두적인 학자들 대부분이 이러한 관점을 갖고 있다.

→ This view is held by a majority of leading [＿＿＿＿＿].

3 그들이 찾고 있는 것은 외딴 농가이다.

→ What they are looking for is the remote [＿＿＿＿＿].

4 미나는 아버지에게 유럽 여행을 가도 좋다는 승낙을 받았다.

→ Mina got her father's [＿＿＿＿＿] for her trip to Europe.

5 Craig의 할머니는 값비싼 고가구 수집품을 소장하고 계신다.

→ Craig's grandmother has a valuable [＿＿＿＿＿] of antique furniture.

6 그의 삼촌은 등대지기로 근무했다.

→ His uncle served as a [＿＿＿＿＿] keeper.

오답률 20%

A 다음 중 단어와 뜻이 잘못 연결된 것을 고르시오. 2점

① position - 위치　　② ladybug - 무당벌레　　③ progress - 진보

④ carnival - 소장품　　⑤ approval - 승낙

오답률 25%

B 다음 주어진 문장의 빈칸에 가장 적절한 단어를 고르시오. 2점

The land was used by local people to _____ their animals.

그 땅은 지역 주민들이 자신들의 동물을 방목하는 데 쓰였다.

① spongy　　② graze　　③ collect　　④ bandage　　⑤ lighthouse

오답률 30%

C 다음 문장을 영작할 때 여덟 번째로 올 단어를 보기에서 고르시오. 2점

> 보기　그 동물들은 무거운 짐을 운반하도록 훈련받았다.
>
> the / were / loads / animals / trained / transport / heavy / to

① trained　　② heavy　　③ loads　　④ transport　　⑤ were

오답률 50%

D 다음 중 단어의 영영 풀이가 잘못된 것을 고르시오. 2점

① recent: happening or starting a short time ago

② stressful: involving or causing a lot of pressure or worry

③ farmhouse: the main house on a farm, where the farmer lives

④ symphony: an event where many people gather to celebrate something

⑤ scholar: a person who has studied a subject for a long time

오답률 80%

E 주어진 단어들을 우리말과 같은 뜻이 되도록 바르게 배열하시오.

1 내게는 포도주 통처럼 보이는 용기가 필요하다. 3점

(I / a / that / looks / need / container / a / like / wine / barrel)

_____

2 그녀의 연구들은 화학의 초기 역사에서 중요한 역할을 했다. 4점

(her / played / important / in / the / studies / chemistry / an / of / early / history / role)

_____

🔷 내신 기본 단어

261 **chip** [tʃip]	📕 1 조각, 부스러기 2 (음식의) 얇은 조각	☐ paint **chips** 페인트 조각 ☐ potato **chips** 감자칩

---

261 **chip**
[tʃip]

📕 1 조각, 부스러기
　2 (음식의) 얇은 조각

☐ paint **chips**
페인트 조각

☐ potato **chips**
감자칩

---

262 **earthen**
[ə́ːrθən]

📙 흙으로 만든

☐ an **earthen** jar
흙으로 만든 단지

---

263 **freely**
[fríːli]

📘 자유롭게

☐ travel **freely**
자유롭게 여행하다

---

264 **disabled**
[diséibld]

📙 장애가 있는

☐ **disabled** people
장애가 있는 사람들

---

265 **physics**
[fíziks]

📕 물리학
혼 physical 신체의

☐ the study of **physics**
물리학 연구

---

266 **flare**
[flɛər]

📕 확 타오르는 불길

☐ the **flare** of the match
확 타오르는 성냥불

---

267 **broom**
[bru(ː)m]

📕 빗자루

☐ a new **broom**
새 빗자루

---

268 **tight**
[tait]

📘 굳게, 꽉
📙 단단한

☐ be tied up **tight**
꽉 묶이다

☐ a **tight** knot
단단한 매듭

269 **lick**
[lik]

동 핥다

□ **lick** the honey
꿀을 핥다

270 **dweller**
[dwélər]

명 거주자

□ a cave **dweller**
동굴 거주자

271 **tend**
[tend]

동 ~의 경향이 있다
숙 tend to ~하는 경향이 있다

□ **tend** to make mistakes
실수하는 경향이 있다

272 **connection**
[kənékʃən]

명 관계, 관련(성)

□ a special **connection**
특별한 관계

273 **manage**
[mǽnidʒ]

동 1 (어떻게든) ~하다
2 관리[경영]하다
숙 manage to
가까스로 ~하다

□ **manage** to persuade
가까스로 설득하다
□ **manage** a hotel
호텔을 관리하다

274 **Pacific**
[pəsífik]

명 태평양
형 태평양의

□ the **Pacific** Ocean
태평양
□ the **Pacific** coast
태평양 연안

275 **audition**
[ɔːdíʃən]

명 오디션

□ prepare for an **audition**
오디션을 준비하다

276 **grab**
[græb]

동 붙잡다, 움켜잡다

□ **grab** a flashlight
손전등을 붙잡다

277 **likewise**
[láikwàiz]

부 똑같이, 마찬가지로

□ do **likewise**
똑같이 하다

278 **atmosphere**
[ǽtməsfiər]

명 1 (지구의) 대기
2 분위기

□ the earth's **atmosphere**
지구의 대기
□ an informal **atmosphere**
격식에 얽매이지 않는 분위기

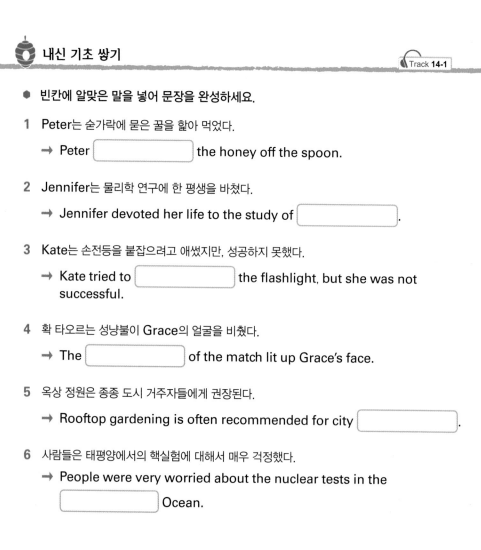

내신 심화 단어

279 breathtaking
[bréθtèikiŋ]

🔵 깜짝 놀랄 만한, 숨막히는

☐ quite **breathtaking**
꽤 놀라운

280 kinetic
[kinétik]

🔵 《물리》 운동의
🔵 potential 《물리》 위치의

☐ **kinetic** energy
운동 에너지

potential energy와 kinetic energy는 함께 쓰일 때가 많아요.

내신 기초 쌓기

Track **14-1**

● 빈칸에 알맞은 말을 넣어 문장을 완성하세요.

1 Peter는 숟가락에 묻은 꿀을 핥아 먹었다.

→ Peter ⬚⬚⬚⬚ the honey off the spoon.

2 Jennifer는 물리학 연구에 한 평생을 바쳤다.

→ Jennifer devoted her life to the study of ⬚⬚⬚ .

3 Kate는 손전등을 붙잡으려고 애썼지만, 성공하지 못했다.

→ Kate tried to ⬚⬚⬚ the flashlight, but she was not successful.

4 확 타오르는 성냥불이 Grace의 얼굴을 비췄다.

→ The ⬚⬚⬚ of the match lit up Grace's face.

5 옥상 정원은 종종 도시 거주자들에게 권장된다.

→ Rooftop gardening is often recommended for city ⬚⬚⬚ .

6 사람들은 태평양에서의 핵실험에 대해서 매우 걱정했다.

→ People were very worried about the nuclear tests in the ⬚⬚⬚ Ocean.

오답률 20%

A 다음 중 단어와 뜻이 <u>잘못</u> 연결된 것을 고르시오. 2점

① physics - 물리학　　② tend - 관리하다　　③ likewise - 똑같이

④ tight - 꽉　　⑤ atmosphere - 분위기

오답률 25%

B 다음 주어진 문장의 빈칸에 가장 적절한 단어를 고르시오. 2점

Is there a special _____ between you and Eric?

당신과 Eric의 관계는 특별한가요?

① connection　　② freely　　③ audition　　④ manage　　⑤ broom

오답률 30%

C 다음 문장을 영작할 때 <u>아홉 번째</u>로 올 단어를 보기에서 고르시오. 2점

> 보기　그 정책은 장애인들의 이익에 기여하지 못할 수도 있다.
>
> serve / may / the / policy / of / people / not / interests /
> disabled / the

① interests　　② serve　　③ police　　④ disabled　　⑤ people

오답률 50%

D 다음 중 단어의 영영 풀이가 <u>잘못된</u> 것을 고르시오. 2점

① chip: a small piece that has been broken off from something larger

② grab: to take hold of something suddenly and roughly

③ dweller: someone who lives in a particular type of place

④ lick: to move your tongue across something

⑤ flare: a brush that has a long handle and that is used for sweeping floors

오답률 80%

E 주어진 단어들을 우리말과 같은 뜻이 되도록 바르게 배열하시오.

1 그들은 물을 차갑게 보관하기 위해 흙으로 만든 단지를 이용한다. 3점

(they / earthen / use / the / cool / water / keep / to / jar / an)

_____

2 산꼭대기에서 보는 경치는 꽤 놀랍다. 4점

(from / the view / is / the mountain / quite / the top / breathtaking / of)

_____

🔷 내신 기본 단어

281 **factor** [fǽktər]	몡 요소, 요인	☐ moral **factors** 도덕적 요소들
282 **logic** [ládʒik]	몡 논리 몡 logical 논리적인	☐ use **logic** 논리를 이용하다 ☐ a **logical** argument 논리적인 주장
283 **pebble** [pébl]	몡 조약돌	☐ a box of **pebbles** 한 상자의 조약돌
284 **sandbag** [sǽndbæg]	몡 모래주머니	☐ pile **sandbags** 모래주머니를 쌓아 올리다
285 **attack** [ətǽk]	동 공격하다 몡 공격	☐ **attack** the smaller animals 더 작은 동물들을 공격하다 ☐ a sudden **attack** 습격
286 **conduct** 동[kəndʌ́ct] 몡[kándʌkt]	동 1 실시하다, 행동하다 2 지휘하다 몡 행위, 행동	☐ **conduct** a survey 조사하다 ☐ his foolish **conduct** 그의 어리석은 행동
287 **laurel** [lɔ́:rəl]	몡 월계수	☐ a **laurel** crown 월계관
288 **counter** [káuntər]	몡 계산대	☐ in front of the **counter** 계산대 앞에

289	**wallet** [wálit]	명 지갑	□ lost my **wallet** 나의 지갑을 잃어버리다
290	**log** [lɔ(:)g]	통 벌목하다 명 통나무	□ **log** forest areas 산림 지역을 벌목하다 □ **logs** for the fire 장작용 통나무들
291	**reveal** [rivíːl]	통 드러내다, 밝히다	□ **reveal** the truth 진실을 밝히다
292	**generation** [ʤènəréiʃən]	명 세대	□ future **generations** 미래 세대 [후손]
293	**excitedly** [iksáitidli]	부 흥분해서	□ run **excitedly** 흥분해서 달리다
294	**useless** [júːslis]	형 소용[쓸모]없는 유 of no use	□ a **useless** car 쓸모없는 차 □ be of no use 쓸모없다
295	**bellboy** [bélbɔ̀i]	명 (호텔의) 벨보이	□ tip the **bellboy** 벨보이에게 팁을 주다
296	**owl** [aul]	명 올빼미	□ wise as an **owl** (올빼미처럼) 아주 현명한
297	**richness** [rítʃnis]	명 풍요, 풍부 파 rich 풍부한	□ the **richness** of rural life 전원생활의 풍요로움
298	**wrap** [ræp]	통 싸다, 포장하다	□ **wrap** a present 선물을 포장하다

내신 심화 단어

299 terrific
[tərífik]

terrible '끔찍한'과 혼동하지 말아요.

형 멋진

☐ a **terrific** family
멋진 가족

☐ a terrible experience
끔찍한 경험

300 orchestra
[ɔ́ːrkistrə]

명 오케스트라

☐ conduct an **orchestra**
오케스트라를 지휘하다

내신 기초 쌓기

 Track **15-1**

● 빈칸에 알맞은 말을 넣어 문장을 완성하세요.

1 너의 논리는 터무니없으며 현실을 반영하지 못한다.

→ Your _____ is absurd and is not based in reality.

2 일부 고객들이 계산대 앞에 모여 있다.

→ Some customers have gathered in front of the _____.

3 미라에게는 멋진 가족과 힘이 되는 많은 친구들이 있다.

→ Mira's got a _____ family and lots of supportive friends.

4 그들은 그들의 자녀에게 줄 크리스마스 선물들을 포장했다.

→ They _____ the Christmas presents for their children.

5 Mark는 친구들을 맞이하려고 흥분해서 달려 나갔다.

→ Mark ran _____ outside to greet his friends.

6 나는 인간의 감정에 영향을 주는 도덕적 요소들에 대해서 얘기해 달라는 요청을 받았다.

→ I was asked to talk about the moral _____ that influence human emotions.

내신 실전 문제

오답률 20%

A 다음 중 단어와 뜻이 잘못 연결된 것을 고르시오. **2점**

① useless - 쓸모없는   ② laurel - 통나무   ③ factor - 요소

④ excitedly - 흥분해서   ⑤ richness - 풍요

오답률 25%

B 다음 주어진 문장의 빈칸에 가장 적절한 단어를 고르시오. **2점**

You have to keep Earth clean for future _____.

여러분들은 미래 세대를 위해서 지구를 깨끗하게 해야 한다.

① generations   ② sandbags   ③ bellboys   ④ upon   ⑤ counters

오답률 30%

C 다음 문장을 영작할 때 여섯 번째로 올 단어를 보기에서 고르시오. **2점**

> **보기**   Ron은 한 지역 쇼핑몰에서 조사를 하고 싶어했다.
>
> Ron / to / a / wanted / local / conduct / survey / mall / in / shopping / a

① wanted   ② conduct   ③ survey   ④ local   ⑤ mall

오답률 50%

D 다음 중 단어의 영영 풀이가 잘못된 것을 고르시오. **2점**

① reveal: to make known

② wrap: to make something that was hidden able to be seen

③ logic: a proper or reasonable way of thinking about something

④ conduct: to do or carry out

⑤ owl: a bird that usually hunts at night and has a large head and eyes

오답률 80%

E 주어진 단어들을 우리말과 같은 뜻이 되도록 바르게 배열하시오.

1 그 하이에나는 더 작은 동물들을 공격하기 시작했다. **3점**

(the / started / to / hyena / the / smaller / attack / animals)

_____

2 모래와 조약돌들은 그릇의 바닥으로 가라앉을 것이다. **4점**

(will / sand / sink / to / the bottom / pebbles / the bowl / of / and)

_____

DAY

내신 기본 단어

301 **romantic** [roumǽntik]	혱 낭만적인	☐ a **romantic** atmosphere 낭만적인 분위기
302 **talkative** [tɔ́ːkətiv]	혱 수다스러운	☐ a **talkative** person 수다스러운 사람
303 **rush** [rʌʃ]	됭 돌진하다, 힘차게 달리다 혱 돌격	☐ **rush** to their parents 그들의 부모에게 달려가다 ☐ a **rush** of soldiers 병사들의 돌격
304 **admire** [ædmáiər]	됭 존경하다, 높이 평가하다	☐ **admire** her 그녀를 존경하다
305 **sidewalk** [sáidwɔ̀ːk]	혱 보도, 인도	☐ stand on the **sidewalk** 인도에 서 있다
306 **due** [djuː]	혱 ~할 예정인 숙 due to ~때문에	☐ be **due** tomorrow 내일 도착할 예정이다 ☐ **due to** heavy rain 폭우 때문에
307 **stream** [striːm]	혱 개울(가)	☐ jump across a **stream** 개울을 건너뛰다
308 **mood** [muːd]	혱 기분	☐ change our **mood** 우리의 기분을 전환시키다

309 **passionate**
[pǽʃənit]

® 열정적인

□ **passionate** students
열정적인 학생들

310 **advertise**
[ǽdvərtàiz]

® 광고하다

□ **advertise** a product
제품을 광고하다

311 **dedicate**
[dédikèit]

® 바치다, 헌신하다
㉾ dedicate to ~에 바치다

□ dedicate her life to
the poor
그녀의 일생 동안 가난한
사람들에게 헌신하다

312 **essential**
[əsénʃəl]

® 필수적인

□ an **essential** role
필수적인 역할

313 **positively**
[pázitivli]

® 긍정적으로
® negatively 부정적으로

□ think **positively**
긍정적으로 생각하다
□ answer negatively
아니라고 대답하다

314 **nutrient**
[njúːtriənt]

® 영양분, 영양소

□ an essential **nutrient**
필수 영양소

315 **artwork**
[áːrtwə̀ːrk]

® 미술작품

□ take pictures of
artworks
미술작품의 사진을 찍다

316 **awesome**
[ɔ́ːsəm]

® 멋진

□ an **awesome**
experience
멋진 경험

317 **aggressive**
[əgrésiv]

® 공격적인

□ an **aggressive**
campaign
공격적인 캠페인

318 **decline**
[dikláin]

® 감소하다

□ be expected to **decline**
감소할 전망이다

319 **soybean** [sɔ́ibìːn]	명 콩	□ **soybean** paste 된장

320 **vegetation** [vèdʒitéiʃən]	명 초목, 식물	□ tropical **vegetation** 열대 식물
	vegetarian '채식주의자'와 혼동하지 말아요.	□ a vegetarian dish 채식 요리

🔔 내신 기초 쌓기

Track **16-1**

● 빈칸에 알맞은 말을 넣어 문장을 완성하세요.

1 그녀의 공격적인 캠페인이 정말 효과를 보이고 있다.

→ Her ⬚ campaign is really working.

2 향후 6개월 동안 수입이 감소할 전망이다.

→ Imports are expected to ⬚ over the next six months.

3 이것은 그 제품을 광고하기 위한 매우 좋은 방법이다.

→ This is a very good way to ⬚ the product.

4 그녀는 그에게 개울가로 가서 손을 씻으라고 말했다.

→ She told him to go to the ⬚ and wash his hands.

5 보도에서는 자전거를 탈 수 없다.

→ You can't ride a bicycle on the ⬚.

6 나는 Maggie의 말에 동의하지는 않지만 그녀가 자기 원칙을 고수하는 것은 높이 평가한다.

→ I don't agree with Maggie, but I ⬚ her for sticking to her principles.

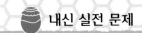

/ 15점

오답률 20%

A 다음 중 단어와 뜻이 <u>잘못</u> 연결된 것을 고르시오. **2점**

① romantic - 낭만적인   ② essential - 필수적인   ③ artwork - 미술작품

④ decline - 감소하다   ⑤ awesome - 괴로운

오답률 25%

B 다음 주어진 문장의 빈칸에 가장 적절한 단어를 고르시오. **2점**

Smell is the most powerful thing in changing our _____.

향기는 우리의 기분을 전환시키는 데 있어 가장 강력한 것이다.

① positively   ② due   ③ mood   ④ rush   ⑤ aggressive

오답률 30%

C 다음 문장을 영작할 때 열 번째로 올 단어를 보기에서 고르시오. **2점**

> **보기**   우리 뇌는 섭취하는 영양분의 20% 이상을 사용한다.
>
> brain / uses / the / over / nutrients / in / we / 20% / take / our / of

① uses   ② nutrients   ③ take   ④ brain   ⑤ over

오답률 50%

D 다음 중 단어의 영영 풀이가 <u>잘못된</u> 것을 고르시오. **2점**

① sidewalk: a path along the side of a street for people to walk on

② admire: to make the public aware of something that is being sold

③ talkative: tending to talk a lot

④ vegetation: the plants of an area

⑤ stream: a natural flow of water that is smaller than a river

오답률 80%

E 주어진 단어들을 우리말과 같은 뜻이 되도록 바르게 배열하시오.

1 Kate의 어머니는 일생을 가난한 사람들에게 헌신해 왔다. **3점**

(has / her / Kate's / dedicated / the / life / mother / poor / to)

_____

2 Jennifer는 내가 알고 있는 가장 열정적인 학생들 중 한 명이다. **4점**

(I / of / students / know / is / one / most / the / Jennifer / passionate)

_____

DAY

내신 기본 단어

321	**fighter** [fáitər]	명 1 전투기 2 투사, 전사	□ a **fighter** pilot 전투기 조종사
322	**ratio** [réiʃou]	명 비율	□ the golden **ratio** 황금 비율
323	**prediction** [pridíkʃən]	명 예측	□ an accurate **prediction** 정확한 예측
324	**whatever** [hwʌtévər]	대 ~하는 것은 무엇이든	□ **whatever** I do 내가 하는 것은 무엇이든
325	**elsewhere** [élshwɛ̀ər]	부 다른 곳에서	□ look for work **elsewhere** 다른 곳에서 일자리를 찾다
326	**quality** [kwáləti]	명 질 반 quantity 양	□ the **quality** of a product 제품의 품질 □ a small quantity 적은 양
327	**parrot** [pǽrət]	명 앵무새	□ like a **parrot** 앵무새처럼
328	**ache** [eik]	동 아프다 명 통증, 아픔	□ **ache** all over 전신이 쑤시다 □ have an **ache** 통증이 있다

74

329 **establish** [istǽbliʃ]	동 설립[설정]하다	☐ **establish** a standard 기준을 설정하다
330 **diverse** [divə́:rs]	형 다양한	☐ a **diverse** audience 다양한 관객
331 **citizen** [sítizən]	명 시민	☐ a global **citizen** 세계 시민
332 **select** [silékt]	동 선택하다	☐ **select** a file 파일을 선택하다
333 **shoot** [ʃu:t]	동 쏘다	☐ **shoot** an arrow 화살을 쏘다
334 **academy** [əkǽdəmi]	명 학원, (전문) 학교	☐ the Air Force **Academy** 공군사관학교
335 **fatty** [fǽti]	형 지방이 많은 파 fat 지방	☐ **fatty** food 지방이 많은 음식
336 **sensitive** [sénsətiv]	형 민감한 참 sensible 분별 있는	☐ more **sensitive** skin 더 민감한 피부 ☐ a sensible decision 분별 있는 결정
337 **uneatable** [ʌní:təbl]	형 먹을 수 없는 반 eatable 먹을 수 있는	☐ **uneatable** and poisonous 먹을 수 없고 독성이 있는
338 **deserve** [dizə́:rv]	동 ~할 가치[자격, 권리]가 있다, ~을 받을 만하다	☐ **deserve** praise 칭찬받을 만하다

339 **hybrid** [háibrid]	몡 1 (동식물의) 잡종 2 혼성물	□ a **hybrid** car 하이브리드 [휘발유·전기 병용] 자동차
340 **forensic** [fərénsik]	혱 법의학의, 범죄 과학 수사의	□ a **forensic** scientist 법의학자

🎏 내신 기초 쌓기

 Track **17-1**

● 빈칸에 알맞은 말을 넣어 문장을 완성하세요.

1 그는 내게 다른 곳으로 가서 일자리를 찾으라고 말했다.

→ He told me to move and look for work [   ].

2 여러분이 설치하고 싶은 프로그램의 버전을 선택하시오.

→ [   ] the version of the program you want to install.

3 나는 일부 소년들이 소녀들보다 더 민감한 피부를 갖고 있다고 생각한다.

→ I think some boys have more [   ] skin than girls.

4 많은 예술가들이 그들의 작품에서 황금 비율을 사용하는 것 같다.

→ Many artists seem to use the golden [   ] in their works.

5 미국의 지역사회는 점차 다양해지고 있다.

→ America's communties are becoming increasingly [   ].

6 패스트푸드나 지방이 많은 음식을 먹는 것은 여러분의 건강에 좋지 않다.

→ Eating fast food or [   ] food is not good for your health.

내신 실전 문제

오답률 20%

A 다음 중 단어와 뜻이 잘못 연결된 것을 고르시오. **2점**

① diverse - 다양한　　② elsewhere - 다른 곳에서　　③ sensitive - 민감한

④ quality - 양　　⑤ establish - 설립하다

오답률 25%

B 다음 주어진 문장의 빈칸에 가장 적절한 단어를 고르시오. **2점**

It is difficult to make an accurate _____ of the costs.

비용에 대해 정확한 예측을 하는 것은 어렵다.

① uneatable　　② prediction　　③ uneatable　　④ whatever　　⑤ citizen

오답률 30%

C 다음 문장을 영작할 때 여덟 번째로 올 단어를 보기에서 고르시오. **2점**

> **보기** Jason은 그런 특별대우를 받을 만한 어떤 일도 하지 않았다.
>
> do / to / Jason / such / deserve / special / didn't / anything /
> treatment

① do　　② treatment　　③ special　　④ anything　　⑤ deserve

오답률 50%

D 다음 중 단어의 영영 풀이가 잘못된 것을 고르시오. **2점**

① ratio: feel a continuous pain that is unpleasant

② parrot: a bright-colored bird that has the ability to imitate speech

③ fighter: a fast airplane that has weapons for destroying enemy aircraft

④ select: to choose someone or something from a group

⑤ fatty: containing an especially large amount of fat

오답률 80%

E 주어진 단어들을 우리말과 같은 뜻이 되도록 바르게 배열하시오.

1 화살 쏘는 법을 내게 보여줄 수 있니? **3점**

(you / me / to / can / shoot / arrow / show / an / how)

_____

2 그의 아버지는 그를 억지로 공군사관학교에 넣었다. **4점**

(him / to / go / his / the / Air Force / forced / Academy / to / father)

_____

DAY 18

🔷 내신 기본 단어

 Track 18

---

341 **pursue**
[pərsjúː]

동 추구하다

□ **pursue** their goals
그들의 목표를 추구하다

---

342 **nearly**
[níərli]

부 거의
혼 near 가까운; 가까이

□ at **nearly** 200km per hour
거의 시속 200km로

---

343 **struggle**
[strʌ́gl]

동 애쓰다, 분투하다
숙 struggle with
~와 씨름하다[싸우다]

□ **struggle** to survive
생존을 위해 애쓰다

□ **struggle** with the task
그 일과 씨름하다

---

344 **spot**
[spɑt]

명 장소

□ tourist **spots**
관광지

---

345 **graduate**
동[grǽdʒuèit]
명[grǽdʒuət]

동 졸업하다
형 대학원의
명 (대학) 졸업자

□ **graduate** from college
대학교를 졸업하다

□ **graduate** school
대학원

---

346 **rinse**
[rins]

동 씻어 내다, 헹구다

□ **rinse** the cut
상처를 씻어 내다

---

347 **bamboo**
[bæmbúː]

명 대나무

□ a **bamboo** mat
대나무 깔개

---

348 **cliff**
[klif]

명 절벽

□ a high **cliff**
높은 절벽

78

349 **relation**
[riléiʃən]

명 관련(성), 관계
숙 in relation to
　～에 관하여

□ the **relation** between speed and crashes
속도와 충돌의 관련성

□ in relation to global warming
지구온난화에 관하여

350 **noun**
[naun]

명 명사

□ a **noun** phrase
명사구

351 **marriage**
[mǽridʒ]

명 결혼

□ an international **marriage**
국제결혼

352 **injure**
[índʒər]

동 부상을 입히다
파 injury 부상

□ be **injured** in an accident
사고로 부상을 입다

□ a serious injury
심각한 부상

353 **benefit**
[bénəfit]

동 ～에게 이롭다
명 이로운 점, 혜택

□ **benefit** our health
우리의 건강에 이롭다

□ the **benefits** of kimchi
김치의 이로운 점

354 **cactus**
[kǽktəs]

명 선인장

□ water the **cactus**
그 선인장에 물을 주다

355 **origin**
[ɔ́(ː)ridʒin]

명 기원

□ the **origin** of life
생명의 기원

356 **effective**
[iféktiv]

형 효과적인
파 effectively 효과적으로

□ an **effective** advertisement
효과적인 광고

□ efficiently and effectively
효율적으로 그리고 효과적으로

357 **pioneer**
[pàiəníər]

명 개척자, 선구자

□ a **pioneer** in the field
그 분야의 선구자

358 **primary**
[práimeri]

형 1 주된, 주요한
　 2 근본적인

□ the **primary** reason
주된 이유

□ the **primary** colors
원색 [빨강·노랑·파랑]

내신 심화 단어

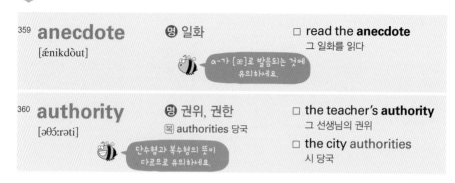

359 anecdote
[ǽnikdòut]

명 일화

□ read the **anecdote**
그 일화를 읽다

> a-가 [æ]로 발음되는 것에 유의하세요.

360 authority
[əθɔ́:rəti]

명 권위, 권한
복 authorities 당국

□ the teacher's **authority**
그 선생님의 권위

□ the city authorities
시 당국

> 단수형과 복수형의 뜻이 다르므로 유의하세요.

내신 기초 쌓기

Track 18-1

● 빈칸에 알맞은 말을 넣어 문장을 완성하세요.

1 승리자들은 그들의 목표를 추구하는 것을 결코 멈추지 않는다.

→ Winners never stop [   ] their goals.

2 바람이 거의 시속 200km로 불고 있었다.

→ The wind was blowing at a speed of [   ] 200km per hour.

3 그 학생들은 에세이 쓰기 과제와 씨름했다.

→ The students [   ] with the task of writing an essay.

4 그의 말과 행동은 아무 연관이 없다.

→ There is no [   ] between his words and his actions.

5 그녀는 사고로 부상을 입고 몇 주간 병원에 있었다.

→ She was [   ] in an accident and was in the hospital for weeks.

6 자연환경은 우리의 건강과 삶의 질에 이로울 수 있다.

→ The natural environment can [   ] our health and quality of life.

오답률 20%

A 다음 중 단어와 뜻이 <u>잘못</u> 연결된 것을 고르시오. 2점

① bamboo - 대나무　　② nearly - 효과적인　　③ relation - 관계

④ benefit - ~에 이롭다　　⑤ spot - 장소

오답률 25%

B 다음 주어진 문장의 빈칸에 가장 적절한 단어를 고르시오. 2점

The tribe lives on a high _____ overlooking a sandy beach.

그 부족은 모래사장이 내려다 보이는 높은 절벽에 산다.

① noun　　② marriage　　③ effective　　④ cliff　　⑤ pioneer

오답률 30%

C 다음 문장을 영작할 때 네 번째로 올 단어를 보기에서 고르시오. 2점

> **보기** 　삼원색은 빨간색, 노란색 그리고 파란색이다.
> primary / yellow / three / are / blue / the / colors / red / and

① colors　　② are　　③ three　　④ yellow　　⑤ red

오답률 50%

D 다음 중 단어의 영영 풀이가 <u>잘못된</u> 것을 고르시오. 2점

① rinse: to wash off soap or some remaining dirt

② struggle: to try very hard to do something difficult

③ pursue: to try to do something over a period of time

④ injure: to give medical care to someone who is sick or hurt

⑤ origin: the cause of something, or where something comes from

오답률 80%

E 주어진 단어들을 우리말과 같은 뜻이 되도록 바르게 배열하시오.

1 그녀는 높은 성적으로 대학교를 졸업했다. 3점

(grades / with / from / she / college / graduated / high)

_____

2 그 시 당국은 그런 지도가 사람들을 혼란스럽게 할 것이라고 생각했다. 4점

(confuse / thought / city / the / such a / authorities / would / people / map)

_____

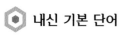 내신 기본 단어

---

361 sheet
[ʃiːt]

명 (종이) 한 장

☐ a **sheet** of paper
종이 한 장

---

362 toss
[tɔ(ː)s]

동 (가볍게) 던지다

☐ **toss** the ball
그 공을 던지다

---

363 liver
[lívər]

명 간

☐ a part of her **liver**
그녀의 간 일부

---

364 threatening
[θrétəniŋ]

형 위협적인
부 threateningly 위협적으로

☐ a **threatening** situation
위협적인 상황
☐ bark **threateningly**
위협적으로 짖다

---

365 preserve
[prizə́ːrv]

동 보존하다

☐ **preserve** our nature
우리의 자연을 보존하다

---

366 coal
[koul]

명 석탄

☐ burn more and
more **coal**
점점 더 많은 석탄을 태우다

---

367 cast
[kæst]

명 깁스 (붕대)

☐ wear a **cast**
깁스를 하다

---

368 lantern
[lǽntərn]

명 등불, 초롱

☐ light the **lanterns**
등불을 켜다

---

369 willing
[wíliŋ]

형 기꺼이 하는
숙 be willing to
기꺼이 ~하다

□ be willing to help
기꺼이 돕다

370 lodging
[lάdʒiŋ]

명 숙박, 숙소

□ reach our lodging
우리의 숙소에 도착하다

371 highlight
[háilàit]

명 가장 중요한[흥미로운] 부분

□ the highlight of the festival
그 축제의 가장 흥미로운 부분

372 regret
[rigrét]

동 후회하다
명 유감, 후회

□ regret not listening
듣지 않은 것을 후회하다
□ deep regret
깊은 유감

373 alternating
[ɔ́:ltərnèitiŋ]

형 1 교대[교차]의
2 (전기) 교류의
파 alter 바꾸다

□ alternating current
(전기의) 교류
□ alter the method
방법을 바꾸다

374 outer
[áutər]

형 바깥의

□ outer space
우주 공간

375 unable
[ʌnéibl]

형 ~할 수 없는
반 able ~할 수 있는

□ unable to walk
걸을 수 없는

376 increasingly
[inkrí:siŋli]

부 점점 더

□ become increasingly poor
점점 더 가난해지다

377 disagree
[dìsəgrí:]

동 동의하지 않다
반 agree 동의하다
숙 disagree with
~에 동의하지 않다

□ disagree with her opinion
그녀의 의견에 동의하지 않다

378 paste
[peist]

명 반죽

□ red pepper paste
고추장

내신 심화 단어

379 **evaporate**
[ivǽpərèit]
용 증발하다
□ **evaporate** in the air
공기 중에서 증발하다

vapor는 '증기'라는 뜻이에요.

380 **electronic**
[ilektránik]
형 전자의
□ an **electronic** dictionary
전자사전

electric '전기의'와 혼동하지 말아요.

내신 기초 쌓기

Track **19-1**

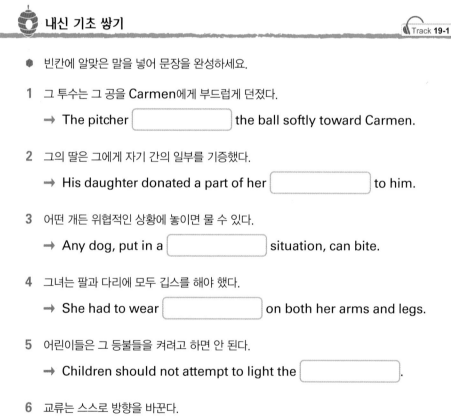

● 빈칸에 알맞은 말을 넣어 문장을 완성하세요.

1 그 투수는 그 공을 Carmen에게 부드럽게 던졌다.

→ The pitcher [   ] the ball softly toward Carmen.

2 그의 딸은 그에게 자기 간의 일부를 기증했다.

→ His daughter donated a part of her [   ] to him.

3 어떤 개든 위협적인 상황에 놓이면 물 수 있다.

→ Any dog, put in a [   ] situation, can bite.

4 그녀는 팔과 다리에 모두 깁스를 해야 했다.

→ She had to wear [   ] on both her arms and legs.

5 어린이들은 그 등불들을 켜려고 하면 안 된다.

→ Children should not attempt to light the [   ].

6 교류는 스스로 방향을 바꾼다.

→ [   ] current changes directions on its own.

오답률 20%

A 다음 중 단어와 뜻이 <u>잘못</u> 연결된 것을 고르시오. **2점**

① cast - 깁스　　　　② wiling - 기꺼이 하는　　　　③ lodging - 반죽

④ liver - 간　　　　⑤ preserve - 보존하다

오답률 25%

B 다음 주어진 문장의 빈칸에 가장 적절한 단어를 고르시오. **2점**

The world will burn more and more _____ in the coming years.

세계는 앞으로 점점 더 많은 석탄을 태울 것이다.

① electronic　　② paste　　③ highlight　　④ sheet　　⑤ coal

오답률 30%

C 다음 문장을 영작할 때 여섯 번째로 올 단어를 보기에서 고르시오. **2점**

> **보기**　나는 네가 너의 목표를 성취할 수 있도록 기꺼이 돕겠다.
> your / am / help / you / to / achieve / I / willing / to / goal

① to　　　　② help　　　　③ achieve　　　　④ you　　　　⑤ your

오답률 50%

D 다음 중 단어의 영영 풀이가 <u>잘못된</u> 것을 고르시오. **2점**

① increasingly: becoming greater and greater

② toss: to throw something lightly

③ unable: not able to do something

④ outer: being on the outside or further from the center

⑤ threatening: behaving in a pleasant, kind way towards someone

오답률 80%

E 주어진 단어들을 우리말과 같은 뜻이 되도록 바르게 배열하시오.

1 나는 당신의 의견에 전적으로 반대한다. **3점**

(disagree / I / you / completely / with)

_____

2 물은 증발할 때 액체에서 기체로 변한다. **4점**

(to / changes / water / it / gas / a / when / from / evaporates / liquid / a)

_____

내신 기본 단어

381 **internal** [intə́:rnəl]	형 내부의, 체내의 반 external 외부의	□ **internal** memory 내장 메모리 □ external factors 외부 요인들

382 **whether** [hwéðər]	접 ~인지 (아닌지) 숙 whether … or not …인지 아닌지	□ **whether** it is true or not 그것이 사실인지 아닌지

383 **pride** [praid]	명 자랑, 자부심 숙 take pride in ~을 자랑스럽게 여기다	□ take **pride** in my work 내 일에 긍지를 갖다

384 **sum** [sʌm]	동 요약하다 숙 to sum up 요약하자면	□ to **sum** up the results 결과를 요약하자면

385 **basic** [béisik]	형 기본적인 명 기초	□ the most **basic** duty of government 정부의 가장 기본적인 의무 □ the **basics** of writing 글쓰기의 기초

386 **mentor** [méntɔ:r]	명 멘토, 좋은 조언자	□ have a **mentor** 좋은 조언자가 있다

387 **cabinet** [kǽbənit]	명 보관함	□ supply **cabinets** 소모품 보관함들

388 **undress** [ʌndrés]	동 옷을 벗기다	□ get **undressed** 옷을 벗다

389 transport
[trǽnspɔ̀ːrt]
- 동 운반하다
- 파 transportation 교통
- □ **transport** water
  물을 운반하다
- □ public **transportation**
  대중교통

390 shore
[ʃɔːr]
- 명 해안가
- □ walk along the **shore**
  해안가를 따라 걷다

391 well-known
[wélnóun]
- 형 유명한
- 유 famous
- □ a **well-known** painter
  유명한 화가

392 herb
[həːrb]
- 명 허브, 약초
- □ the smell of an **herb**
  허브 향

393 repeatedly
[ripíːtidli]
- 부 되풀이해서
- □ watch the same scene
  repeatedly
  똑같은 장면을 되풀이해서 보다

394 countryside
[kʌ́ntrisàid]
- 명 시골
- □ the air in the **countryside**
  시골의 공기

395 artistic
[ɑːrtístik]
- 형 예술적인
- □ the **artistic** side of
  photography
  사진의 예술적인 측면

396 occasion
[əkéiʒən]
- 명 경우, 때
- 파 occasionally 때때로
- □ special **occasions**
  특별한 경우들

397 critical
[krítikəl]
- 형 1 비판적인
  2 결정적인, 중대한
- □ with a **critical** eye
  비판적인 시각으로
- □ at this **critical** moment
  이 결정적인 순간에

398 material
[mətí(ː)əriəl]
- 명 1 재료 2 자료
- □ building **materials**
  건축 재료
- □ reading **materials**
  읽을 거리

내신 심화 단어

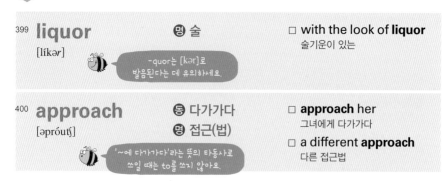

399 liquor
[líkər]
명 술

□ with the look of **liquor**
술기운이 있는

-quor는 [kər]로
발음된다는 데 유의하세요.

400 approach
[əpróutʃ]
동 다가가다
명 접근(법)

□ **approach** her
그녀에게 다가가다
□ a different **approach**
다른 접근법

'~에 다가가다'라는 뜻의 타동사로
쓰일 때는 to를 쓰지 않아요.

내신 기초 쌓기

Track **20-1**

● 빈칸에 알맞은 말을 넣어 문장을 완성하세요.

1 자전거 타기로 당신의 내면의 배터리(에너지)를 충전하세요.

→ Recharge your [   ] battery with a bike ride.

2 당신이 준비가 됐는지 안 됐는지를 결정하는 것은 중요하다.

→ It is important to decide [   ] or not you are ready.

3 요약하자면, 나는 추수감사절에 근무해야 한다는 데 반대한다.

→ To [   ] up, I'm against the idea of having to work on Thanksgiving.

4 그는 보관함 앞에 서 있었다.

→ He was standing in front of the [   ].

5 허브 향은 당신을 편하게 해줄 수 있다.

→ The smell of an [   ] can make you feel relaxed.

6 시골의 공기는 도시의 공기보다 훨씬 더 깨끗하다.

→ The air in the [   ] is much cleaner than that in the city.

/ 15점

오답률 20%

A 다음 중 단어와 뜻이 잘못 연결된 것을 고르시오. 2점

① transport - 옷을 벗기다　② sum - 요약하다　③ mentor - 정신적 지주

④ shore - 해안가　⑤ whether - ~인지 (아닌지)

오답률 25%

B 다음 주어진 문장의 빈칸에 가장 적절한 단어를 고르시오. 2점

Grandfather used to wear his hanbok on special _____.

할아버지는 특별한 경우에 한복을 입곤 하셨다.

① approaches　② basics　③ materials　④ occasions　⑤ cabinets

오답률 30%

C 다음 문장을 영작할 때 다섯 번째로 올 단어를 보기에서 고르시오. 2점

> 보기　이 중요한 순간에 모두들 어디 간 거예요?
> moment / is / everyone / critical / this / at / where

① moment　② critical　③ at　④ this　⑤ everyone

오답률 50%

D 다음 중 단어의 영영 풀이가 잘못된 것을 고르시오. 2점

① internal: relating to the outside part of something

② undress: to remove someone's or one's own clothes

③ basic: being the main or most important part of something

④ herb: a plant used for adding flavor to food or as a medicine

⑤ critical: being very important

오답률 80%

E 주어진 단어들을 우리말과 같은 뜻이 되도록 바르게 배열하시오.

1 너는 네가 하는 모든 일을 자랑스럽게 여겨야 한다. 3점

(pride / you / in / must / everything / do / take / you)

_____

2 술기운이 도는 낯선 사람이 그 문을 두드렸다. 4점

(door / a / at / of / liquor / knocked / with / the / look / the / stranger)

_____

DAY 21

내신 기본 단어

401	**sigh** [sai]	통 1 한숨 쉬다 2 (바람이) 살랑거리다	□ **sigh** deeply 깊이 한숨 쉬다 □ the wind **sighing** softly 부드럽게 살랑거리는 바람
402	**calorie** [kǽləri]	명 열량, 칼로리	□ have few **calories** 열량이 거의 없다
403	**rural** [rú(:)ərəl]	형 시골의 반 urban 도시의	□ **rural** areas 시골 지역
404	**tone** [toun]	명 색조, 색상, 명암	□ yellow **tones** 노란 색조
405	**toxic** [táksik]	형 유독성의	□ **toxic** chemicals 유독성 화학물질
406	**mostly** [móustli]	부 주로	□ **mostly** caused by humans 주로 인간에 의해 유발되는
407	**amusement** [əmjú:zmənt]	명 놀이, 오락	□ the **amusement** park 놀이공원
408	**platform** [plǽtfɔːrm]	명 승강장, 플랫폼	□ a train **platform** 기차 승강장

| 409 **scoop**
[skuːp] | 동 퍼내다 | □ **scoop** water from
the bucket
양동이에서 물을 퍼내다 |

| 410 **thrilled**
[θrild] | 형 흥분한, 신이 난
파 thrilling 짜릿하게 하는 | □ get **thrilled**
신이 나다 |

| 411 **edge**
[edʒ] | 명 모서리, 가장자리 | □ the **edge** of the bill
그 지폐의 모서리 |

| 412 **curl**
[kəːrl] | 동 동그랗게 말다
숙 curl up 말아 올리다
파 curly 곱슬의 | □ **curl** your index
finger up
당신의 검지를 말아 올리다
□ **curly** hair
곱슬머리 |

| 413 **germ**
[dʒəːrm] | 명 세균 | □ kill **germs**
세균을 죽이다 |

| 414 **greedy**
[gríːdi] | 형 탐욕스러운 | □ **greedy** eyes
탐욕스러운 눈빛 |

| 415 **highland**
[háilənd] | 형 고지의 | □ the **highland** lake
고지의 호수 |

| 416 **agency**
[éidʒənsi] | 명 기구, 기관 | □ an international **agency**
국제기구 |

| 417 **anthem**
[ǽnθəm] | 명 (국가, 단체의) 노래 | □ the national **anthem**
국가 |

| 418 **pinch**
[pintʃ] | 동 꼭 쥐다, 꼬집다 | □ **pinch** his nose
그의 코를 꼭 쥐다 |

내신 심화 단어

419 environmental
[invàiərənméntəl]

형 환경의

-al은 '~과 관련된' 이라는 의미예요.

□ **environmental** problems
환경 문제들

420 collapse
[kəlǽps]

동 무너지다, 붕괴하다

주로 자동사로 쓰여요.

□ the volcanic mountain **collapses**
그 화산이 무너지다

내신 기초 쌓기

Track **21-1**

● 빈칸에 알맞은 말을 넣어 문장을 완성하세요.

1 그는 한숨을 쉬며 "예상했던 일이야"라고 대답했다.

→ He ⬚ and answered, "I expected it."

2 야채는 열량이 거의 없으며 영양분이 풍부하다.

→ Vegetables have few ⬚ and are full of nutrition.

3 그들은 시골 지역에 사는 가난한 노인들을 위해 집을 짓는다.

→ They build homes for poor old people in ⬚ areas.

4 그녀는 양동이에서 물을 퍼냈다.

→ She ⬚ water from the bucket.

5 엄지를 검지 옆으로 말아 올려 작은 원을 만드세요.

→ ⬚ your index finger up next to your thumb to make a small circle.

6 일반적인 가정용 비누는 세균을 죽이지 못한다.

→ Regular household soap doesn't kill ⬚.

오답률 20%

A 다음 중 단어와 뜻이 <u>잘못</u> 연결된 것을 고르시오. 2점

① toxic - 유독성의　　　② scoop - 퍼내다　　　③ tone - 색조

④ germ - 기관　　　　　⑤ sigh - 한숨 쉬다

오답률 25%

B 다음 주어진 문장의 빈칸에 가장 적절한 단어를 고르시오. 2점

Our goal is to visit the _____ lake and surrounding areas.

우리의 목표는 그 고지의 호수와 주변 지역을 방문하는 것이다.

① anthem　　② edge　　③ highland　　④ agency　　⑤ amusement

오답률 30%

C 다음 문장을 영작할 때 <u>다섯 번째</u>로 올 단어를 보기에서 고르시오. 2점

> 보기　　그 오래된 광산은 며칠 내로 무너질지 모른다.
>
> mine / in / collapse / old / the / few / may / a / days

① the　　② mine　　③ old　　④ collapse　　⑤ days

오답률 50%

D 다음 중 단어의 영영 풀이가 <u>잘못된</u> 것을 고르시오. 2점

① rural: relating to the countryside

② mostly: mainly or most of the time

③ greedy: often giving people money or presents

④ pinch: to press something between your thumb and finger

⑤ platform: the area in a railway station where you get on and off the train

오답률 80%

E 주어진 단어들을 우리말과 같은 뜻이 되도록 바르게 배열하시오.

1 나는 무대에 설 때 신이 난다. 3점

(on / am / get / thrilled / I / stage / when / I)

_____

2 우리는 환경 문제들과 친환경 에너지에 대해 토론했다. 4점

(problems / energy / we / environmental / and / green / discussed)

_____

DAY 22

내신 기본 단어

 Track 22

---

421 constant
[kάnstənt]

쥉 지속적인
쬬 constantly 지속적으로

☐ **constant** practice
지속적인 연습

422 gravity
[grǽvəti]

囘 중력

☐ experience
zero **gravity**
무중력을 경험하다

423 aid
[eid]

囘 1 도움
2 보조 기구

☐ first **aid**
응급 처치
☐ hearing **aids**
보청기

424 glow
[glou]

동 빛나다

☐ **glow** in the dark
어둠 속에서 빛나다

425 suitable
[sjú:təbl]

쥉 적절한

☐ a **suitable** device
적절한 장치

426 southern
[sʌ́ðərn]

쥉 남쪽의

☐ the **southern** edge
남쪽 가장자리

427 moonlight
[mú:nlàit]

囘 달빛

☐ under the **moonlight**
달빛 아래에서

428 myth
[miθ]

囘 신화

☐ a Greek **myth**
그리스 신화

429	**economic** [ìːkənámik]	형 경제의 파 economics 경제학	□ increased **economic** activity 늘어난 경제 활동
430	**devotion** [divóuʃən]	명 헌신	□ a man of **devotion** 헌신적인 남자
431	**arc** [ɑːrk]	명 호, 활 모양	□ on a high **arc** 높은 호를 그리며
432	**label** [léibəl]	명 꼬리표, 상표	□ look at the **label** 꼬리표를 보다
433	**define** [difáin]	동 정의[규정]하다	□ **define** the problem 문제를 규정하다
434	**charcoal** [tʃɑ́ːrkòul]	명 목탄	□ a piece of **charcoal** 목탄 한 조각
435	**snob** [snɑb]	명 속물	□ talk like a **snob** 속물처럼 이야기하다
436	**discouraged** [diskə́ridʒd]	형 낙담한 파 discouraging 낙담시키는 반 encouraged 용기를 얻은	□ **discouraged** workers 낙담한 근로자들
437	**crevice** [krévis]	명 바위 틈새	□ a deep **crevice** 깊은 바위 틈새
438	**specialist** [spéʃəlist]	명 전문가 유 expert 전문가	□ a **specialist** in green energy 친환경 에너지 전문가

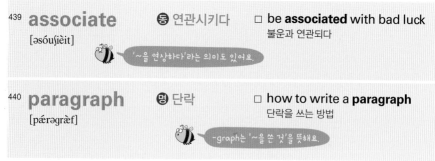

내신 심화 단어

439 associate [əsóuʃièit] **⑧ 연관시키다**

☐ be **associated** with bad luck
불운과 연관되다

~을 연상하다'라는 의미도 있어요.

440 paragraph [pǽrəgrǽf] **⑨ 단락**

☐ how to write a **paragraph**
단락을 쓰는 방법

-graph는 '~을 쓴 것'을 뜻해요.

내신 기초 쌓기

Track 22-1

● 빈칸에 알맞은 말을 넣어 문장을 완성하세요.

1 지속적인 훈련이 그가 세계 기록을 경신하는 데 도움이 되었다.

→ ⬚⬚⬚⬚⬚ practice helped him break the world record.

2 무중력을 경험해 본 사람 있나요?

→ Has anyone ever experienced zero ⬚⬚⬚⬚⬚?

3 그녀는 어둠 속에서 빛날 수 있는 일종의 종이를 발명했다.

→ She invented a type of paper that can ⬚⬚⬚⬚⬚ in the dark.

4 이번 과는 그리스 신화에 나오는 선박에 관한 것이다.

→ This lesson is about a ship in a Greek ⬚⬚⬚⬚⬚.

5 섬은 물에 둘러싸인 땅덩어리로 정의된다.

→ An island is ⬚⬚⬚⬚⬚ as a body of land surrounded by water.

6 그는 목탄 한 조각을 집어 들어 그녀의 얼굴을 그렸다.

→ He took a piece of ⬚⬚⬚⬚⬚ and drew her face.

/ 15점

A 오답률 20%

다음 중 단어와 뜻이 **잘못** 연결된 것을 고르시오. **2점**

① glow - 빛나다　　② southern - 남쪽의　　③ economic - 경제의

④ crevice - 목탄　　⑤ discouraged - 낙담한

B 오답률 25%

다음 주어진 문장의 빈칸에 가장 적절한 단어를 고르시오. **2점**

He shot the ball on a high _____ toward the basket.

그가 높은 호를 그리도록 공을 바구니 쪽으로 던졌다.

① gravity　　② arc　　③ myth　　④ snob　　⑤ label

C 오답률 30%

다음 문장을 영작할 때 **일곱 번째로** 올 단어를 보기에서 고르시오. **2점**

> **보기** 　그의 어머니는 친환경 에너지 전문가이다.
>
> specialist / in / green / mother / is / a / energy / his

① green　　② a　　③ specialist　　④ in　　⑤ energy

D 오답률 50%

다음 중 단어의 영영 풀이가 **잘못된** 것을 고르시오. **2점**

① define: to say exactly what something means

② constant: existing or happening for only a short time

③ suitable: acceptable or right for someone or something

④ devotion: loyalty, love and care for someone or something

⑤ aid: help, or something that gives help

E 오답률 80%

주어진 단어들을 우리말과 같은 뜻이 되도록 바르게 배열하시오.

1 우리는 달빛 아래에서 근사한 저녁을 먹었다. **3점**

(the / we / ate / lovely / moonlight / a / under / dinner)

_____

2 하나의 단락에 하나 이상의 소주제를 포함시키지 마라. **4점**

(in / don't / one / controlling idea / a / include / more / paragraph / than)

_____

DAY 23

내신 기본 단어

Track 23

---

441 intellectual
[ìntəléktʃuəl]

형 지적인

□ **intellectual** property
지적 재산

---

442 soak
[souk]

동 적시다

□ **soak** a cloth
천을 적시다

---

443 rescue
[réskjuː]

명 구조
동 구조하다

□ the **rescue** team
구조대
□ **rescue** children
아이들을 구조하다

---

444 strategy
[strǽtidʒi]

명 전략

□ develop a **strategy**
전략을 개발하다

---

445 demand
[dimǽnd]

명 수요
반 supply 공급

□ increase **demand**
수요를 증가시키다

---

446 good-humored
[gúdhjúːmərd]

형 명랑한, 유쾌한

□ a **good-humored** man
명랑한 남자

---

447 reality
[ri(ː)ǽləti]

명 현실

□ become a **reality**
현실이 되다

---

448 gratitude
[grǽtitjùːd]

명 감사

□ express my **gratitude**
감사를 표하다

449	**pleasure** [pléʒər]	몡 즐거움, 기쁨	☐ the **pleasure** of reading 독서의 즐거움
450	**commonly** [kámənli]	뷔 흔히 땐 common 흔한	☐ be **commonly** found in China 중국에서 흔히 발견되다
451	**belong** [bilɔ́(ː)ŋ]	됭 제자리에 있다 슉 belong to ~에 속하다, ~의 소유물이다 땐 belonging 소지품	☐ **belong** to me 나의 소유이다
452	**rectangle** [réktæ̀ŋgl]	몡 직사각형 참 square 정사각형	☐ draw a **rectangle** 직사각형을 그리다
453	**cattle** [kǽtl]	몡 (집합적) 소	☐ **cattle** and sheep 소와 양
454	**quit** [kwit]	됭 그만두다 • quit-quit-quit	☐ **quit** her job 그녀의 직장을 그만두다
455	**effect** [ifékt]	몡 효과	☐ special **effects** 특수 효과
456	**mealtime** [míːltàim]	몡 식사 시간	☐ during **mealtime** 식사 중에
457	**crew** [kruː]	몡 (배·비행기의) 승무원	☐ **crew** members 승무원
458	**sweep** [swiːp]	됭 쓸다 • sweep-swept-swept	☐ **sweep** the floor 바닥을 쓸다

459 etiquette
[étikit]

🅜 예의, 에티켓

☐ learn the **etiquette**
예의를 배우다

460 interpretation
[intə̀ːrpritéiʃən]

🅜 해석

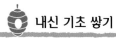
-tion으로 끝나는 단어는
바로 앞 모음에 강세가 있어요.

☐ the correct
interpretation
올바른 해석

🐝 내신 기초 쌓기

Track 23-1

● 빈칸에 알맞은 말을 넣어 문장을 완성하세요.

1 일부 국가들은 지적 재산을 수출하여 수익을 얻는다.

→ Some countries make money by exporting [＿＿＿＿＿]
property.

2 천을 찬물에 적셔서 데인 상처 위에 부드럽게 놓아라.

→ [＿＿＿＿＿] a cloth in cold water and gently place it over the
burn.

3 그는 이익을 최대화하기 위해 자신의 전략을 개발할 필요가 있다.

→ It is necessary for him to develop his [＿＿＿＿＿] to
maximize profits.

4 그에게 문자를 보내서 감사를 표하는 건 어때요?

→ Why don't you text him to express your [＿＿＿＿＿]?

5 그들은 농장에서 소와 양을 계속 길렀다.

→ They continued to raise [＿＿＿＿＿] and sheep on the farm.

6 너는 볼링 동호회를 그만두고 춤을 계속 춰야 했다.

→ You should have [＿＿＿＿＿] the bowling club and kept dancing.

A 오답률 20%
다음 중 단어와 뜻이 <u>잘못</u> 연결된 것을 고르시오. 2점

① quit - 그만두다　　　② strategy - 감사　　　③ intellectual - 지적인

④ commonly - 흔히　　　⑤ pleasure - 기쁨

B 오답률 25%
다음 주어진 문장의 빈칸에 가장 적절한 단어를 고르시오. 2점

In this case, can low prices increase _____?

이 경우, 낮은 가격이 수요를 증가시킬 수 있는가?

① rescue　　② reality　　③ effect　　④ etiquette　　⑤ demand

C 오답률 30%
다음 문장을 영작할 때 <u>다섯 번째</u>로 올 단어를 보기에서 고르시오. 2점

> 보기　　나는 그들의 식사 시간 중에 아이들을 보러 가는 것이 허용되지 않았다.
>
> to / allowed / visit / mealtime / children / the / their / during / I / wasn't

① visit　　　② their　　　③ to　　　④ allow　　　⑤ the

D 오답률 50%
다음 중 단어의 영영 풀이가 <u>잘못된</u> 것을 고르시오. 2점

① sweep: to clean the floor using a broom

② mealtime: the time at which a meal is eaten

③ belong: to be owned by

④ rectangle: a shape with three equal sides

⑤ crew: the people who work together on a ship, plane, or train

E 오답률 80%
주어진 단어들을 우리말과 같은 뜻이 되도록 바르게 배열하시오.

1 그는 명랑한 남자처럼 보였다. 3점

(be / man / he / good-humored / to / a / seemed)

_____

2 그들은 그 사건들에 대해 다른 해석을 할 수도 있다. 4점

(have / events / interpretation / a / they / the / may / of / different)

_____

DAY 24

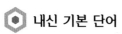 내신 기본 단어

 Track 24

461 **Celsius** [sélsiəs]	명 섭씨	□ 36.5 degrees **Celsius** 섭씨 36.5도
462 **tournament** [túərnəmənt]	명 시합, 경기	□ a soccer **tournament** 축구 시합
463 **curiously** [kjú(ː)əriəsli]	부 호기심을 갖고 파 curious 호기심 있는	□ search **curiously** 호기심을 갖고 찾다
464 **protection** [prətékʃən]	명 보호 파 protect 보호하다	□ a sun **protection** mask 자외선 차단 마스크
465 **motion** [móuʃən]	명 운동, 움직임	□ **motion** sickness 멀미
466 **continuous** [kəntínjuəs]	형 끊임없는 파 continuously 끊임없이	□ **continuous** effort 끊임없는 노력
467 **priority** [praiɔ́(ː)rəti]	명 우선(순위) 숙 give priority to ~을 우선으로 하다	□ give priority to patients 환자를 우선으로 하다
468 **deal** [diːl]	동 처리하다, 다루다 숙 deal with ~을 다루다[처리하다] • deal-dealt-dealt	□ deal with the problem 그 문제를 처리하다

469 **labor** [léibər]	명 노동	□ a **labor** issue 노동 문제
470 **sprain** [sprein]	동 삐다 유 twist	□ **sprain** her ankle 그녀의 발목을 삐다
471 **discovery** [diskávəri]	명 발견 파 discover 발견하다	□ an interesting **discovery** 흥미로운 발견 □ discover the answer 해답을 발견하다
472 **property** [prápərti]	명 재산	□ other people's **property** 다른 사람들의 재산
473 **wander** [wándər]	동 헤매다 혼 wonder 궁금해 하다	□ **wander** around 이리저리 헤매다 □ wonder why 이유를 궁금해 하다
474 **rusty** [rásti]	형 녹슨	□ a **rusty** nail 녹슨 못
475 **thirst** [θə:rst]	명 갈증 파 thirsty 목이 마른	□ die of **thirst** 갈증으로 죽다
476 **overlook** [óuvərlùk]	동 (건물 등이) 내려다 보다	□ a house **overlooking** the village 그 마을을 내려다보는 집
477 **circus** [sə́:rkəs]	명 서커스	□ go to the **circus** 서커스를 보러 가다
478 **shame** [ʃeim]	명 부끄러움	□ in **shame** 부끄러워하여

⬡ 내신 심화 단어

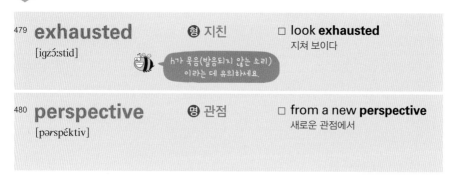

479 exhausted
[igzɔ́:stid]
⑲ 지친

□ look **exhausted**
지쳐 보이다

h가 묵음(발음되지 않는 소리)
이라는 데 유의하세요

480 perspective
[pərspéktiv]
⑲ 관점

□ from a new **perspective**
새로운 관점에서

🐝 내신 기초 쌓기

Track **24-1**

● 빈칸에 알맞은 말을 넣어 문장을 완성하세요.

1 우리 팀은 그 축구 시합에서 금메달을 땄다.

→ Our team won the gold medal in the soccer ⬚ .

2 그녀는 호기심을 갖고 모든 상자 안을 보았다.

→ She looked ⬚ in every box.

3 사람들은 움직이는 배 안에서 멀미를 하는 경향이 있다.

→ People tend to get ⬚ sickness on a moving boat.

4 그녀는 성공의 비결이 끊임없는 노력이라고 말한다.

→ She says that the key to success is ⬚ effort.

5 근무 시간 감축은 그 기업에서 매우 중요한 노동 문제이다.

→ Reducing working hours is a very important ⬚
issue at the company.

6 너 어제 다리 삐었다는 게 사실이니?

→ Is it true that you ⬚ your ankle yesterday?

/ 15점

A 오답률 20%
다음 중 단어와 뜻이 잘못 연결된 것을 고르시오. 2점

① discovery - 발견　　② property - 갈등　　③ Celsius - 섭씨

④ curiously - 호기심을 갖고　　⑤ deal - 다루다

B 오답률 25%
다음 주어진 문장의 빈칸에 가장 적절한 단어를 고르시오. 2점

We must give _____ to the most important activities.

우리는 가장 중요한 활동들을 우선으로 해야 한다.

① shame　　② tournament　　③ priority　　④ labor　　⑤ perspective

C 오답률 30%
다음 문장을 영작할 때 다섯 번째로 올 단어를 보기에서 고르시오. 2점

보기 ▶　다른 사람들의 재산을 훼손하지 않도록 조심해라.
　　　people's / to / be / damage / not / property / careful / other

① damage　　② not　　③ to　　④ other　　⑤ people's

D 오답률 50%
다음 중 단어의 영영 풀이가 잘못된 것을 고르시오. 2점

① motion: the action of something moving

② sprain: to hurt part of your body by twisting it

③ thirst: the feeling that you want to drink something

④ continuous: with breaks, or stopping and starting again

⑤ shame: a bad feeling about something wrong that you have done

E 오답률 80%
주어진 단어들을 우리말과 같은 뜻이 되도록 바르게 배열하시오.

1 그 자매들은 계속해서 그 방을 이리저리 헤맸다. 3점

(the / room / wandering / kept / around / sisters / the)

_____

2 경주를 마친 달리기 선수들은 지쳐 보인다. 4점

(race / who / look / finished / the / exhausted / the / have / runners)

_____

내신 기본 단어

481 **celebrity** [səlébrəti]	명 유명 인사, 연예인 혼 celebration 기념행사	□ a **celebrity** interview 유명 인사 인터뷰 □ make the celebration special 기념행사를 특별하게 만들다
482 **chart** [tʃɑːrt]	명 도표, 차트	□ look at the **chart** 도표를 보다
483 **castle** [kǽsl]	명 성	□ the main room of the **castle** 그 성의 내실
484 **vertical** [və́ːrtikəl]	형 수직의 반 horizontal 수평의	□ **vertical** lines 수직선들 □ a horizontal distance 수평 거리
485 **finding** [fáindiŋ]	명 (연구) 결과, 발견	□ the study's **findings** 그 연구의 결과물
486 **background** [bǽkgràund]	명 배경	□ different cultural **backgrounds** 다양한 문화적 배경들
487 **therefore** [ðέərfɔ̀ːr]	부 따라서	□ **Therefore**, know yourself. 따라서, 너 자신을 알라.
488 **sore** [sɔːr]	형 아픈 혼 soar 솟아오르다	□ have a **sore** throat 목이 아프다

106

489 carbon
[ká:rbən]

명 탄소

☐ **carbon** emissions
탄소 배출

490 diligent
[dílidʒənt]

형 부지런한

☐ a **diligent** farmer
부지런한 농부

491 bury
[béri]

동 묻다

☐ **bury** the dead pet
죽은 애완동물을 묻다

492 outfield
[áutfi:ld]

명 외야
반 infield 내야

☐ play in the **outfield**
외야에서 경기하다

493 debut
[déibjù:]

명 첫 출연, 데뷔

☐ a successful **debut**
성공적인 첫 출연

494 cashier
[kæʃíər]

명 계산대 직원

☐ go to the **cashier**
계산대 직원에게 가다

495 uneasy
[ʌní:zi]

형 불안한

☐ feel **uneasy**
불안해 하다

496 string
[striŋ]

명 줄

☐ tie a ball to a **string**
공을 줄에 묶다

497 hire
[háiər]

동 고용하다
유 employ 고용하다

☐ **hire** more workers
더 많은 직원을 고용하다

498 feat
[fi:t]

명 업적

☐ achieve a great **feat**
위대한 업적을 성취하다

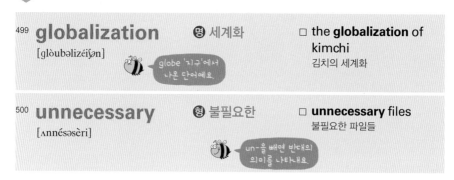

499 globalization 명 세계화 □ the **globalization** of
[glòubəlizéiʃən] kimchi
globe '지구'에서 김치의 세계화
나온 단어예요

500 unnecessary 형 불필요한 □ **unnecessary** files
[ʌnnésəsèri] 불필요한 파일들
un-을 빼면 반대의
의미를 나타내요

🐝 내신 기초 쌓기

● 빈칸에 알맞은 말을 넣어 문장을 완성하세요.

1 저희 3분 명사 인터뷰를 청취해 주셔서 감사합니다.

→ Thank you for listening to our 3-minute [   ] interview.

2 그 성의 내실은 명작들로 가득 차 있었다.

→ The main room of the [   ] was full of great paintings.

3 그 벽을 만들려면 두 개의 수직선을 그어라.

→ Draw two [   ] lines to make the wall.

4 따라서, 너 자신을 먼저 알고 난 후에 세상에 네가 누구인지를 보여줘라.

→ [   ], know yourself first and show the world who you are.

5 나의 개는 묻을 수 있는 건 모두 땅에 묻는다.

→ My dog [   ] everything in the ground that he can.

6 그 선수는 고등학교의 외야에서 경기를 하곤 했다.

→ The player used to play in the [   ] in a high school.

/ 15점

A 오답률 20%

다음 중 단어와 뜻이 **잘못** 연결된 것을 고르시오. **2점**

① feat - 업적　　　② diligent - 부지런한　　　③ celebrity - 기념

④ outfield - 외야　　⑤ sore - 아픈

B 오답률 25%

다음 주어진 문장의 빈칸에 가장 적절한 단어를 고르시오. **2점**

A _____ footprint means the sum of all greenhouse gasses emitted by a person's consumption of fossil fuels and products.

탄소 발자국은 화석 연료와 제품의 소비로 인해 배출된 모든 온실가스의 총합을 의미한다.

① celebrity　　② debut　　③ string　　④ carbon　　⑤ chart

C 오답률 30%

다음 문장을 영작할 때 **다섯 번째로** 올 단어를 보기에서 고르시오. **2점**

> **보기**　여기는 항상 느린 계산대 직원들과 긴 줄이 있어.
> always / here / cashiers / there / and / lines / are / long / slow

① slow　　② cashiers　　③ long　　④ and　　⑤ lines

D 오답률 50%

다음 중 단어의 영영 풀이가 **잘못된** 것을 고르시오. **2점**

① uneasy: not easy to do or understand

② vertical: pointing straight up from a surface

③ string: very thin rope used for tying things

④ bury: to hide something in the ground or under something

⑤ hire: to employ someone or pay them to do a particular job

E 오답률 80%

주어진 단어들을 우리말과 같은 뜻이 되도록 바르게 배열하시오.

1 연구 결과물은 다음 달에 발간될 것이다. **3점**

(the / be / month / research / published / next / findings / will)

_____

2 올해 축제에서는 김치의 세계화를 진흥합니다. **4점**

(globalization / promotes / this / the / kimchi / year's / festival / of)

_____

🔷 내신 기본 단어

 Track 26

501 **devil** [dévəl]	명 악마	☐ describe the **devil** 악마를 묘사하다
502 **messy** [mési]	형 지저분한 파 mess 엉망	☐ a **messy** room 지저분한 방 ☐ make a mess 엉망으로 만들다
503 **phrase** [freiz]	명 문구, 어구	☐ the words and **phrases** 낱말들과 어구들
504 **newly** [njúːli]	부 새롭게, 최근에	☐ a **newly** paved sidewalk 새롭게 포장한 보도
505 **drown** [draun]	동 물에 빠지다	☐ **drown** in the lake 호수에 빠지다
506 **mummy** [mʌ́mi]	명 미라	☐ look like a **mummy** 미라처럼 보이다
507 **dip** [dip]	동 담그다 파 dipper 국자	☐ **dip** the brush into water 붓을 물에 담그다
508 **force** [fɔːrs]	동 강요하다 명 힘	☐ be **forced** to choose 선택을 강요받다 ☐ a strong **force** 강한 힘

509 **impressive**
[imprésiv]
형 인상적인
파 impress
깊은 인상을 주다
□ an **impressive** building
인상적인 건물

510 **influential**
[ìnfluénʃəl]
형 영향력 있는
파 influence
영향; 영향을 주다
□ **influential** world leaders
영향력 있는 세계 지도자들

511 **scan**
[skæn]
동 정밀 조사하다
□ be automatically **scanned**
자동적으로 정밀 조사되다

512 **acid**
[æsid]
명 산(酸)
□ omega 3 fatty **acids**
오메가 3 지방산

513 **option**
[ápʃən]
명 선택(권)
□ the only **option** available
이용 가능한 유일한 선택 사항

514 **efficiently**
[ifíʃəntli]
부 효율적으로
파 efficient 효율적인
□ work **efficiently**
효율적으로 일하다

515 **population**
[pàpjuléiʃən]
명 인구
혼 popularity 인기
□ the **population** of Ireland
아일랜드의 인구
□ gain popularity
인기를 얻다

516 **obey**
[oubéi]
동 준수하다
□ **obey** the laws and rules
법과 규정을 준수하다

517 **delight**
[diláit]
명 환희
□ joy and **delight**
기쁨과 환희

518 **cushion**
[kúʃən]
명 방석, 쿠션
□ put the **cushion** on the sofa
소파 위에 방석을 놓다

🔷 내신 심화 단어

519 counseling
[káunsəliŋ]

명 상담

파 counselor 상담사

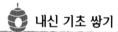 영국식 영어에서는 l을 하나 더 붙여서 counselling이라고 써요.

☐ need some **counseling**
약간의 상담을 필요로 하다

☐ the school **counselor**
교내 상담 선생님

520 athlete
[ǽθliːt]

명 운동선수

-th-는 [θ]로 발음해요.

☐ student **athletes**
체육 특기자들

🍯 내신 기초 쌓기

 Track 26-1

🔹 빈칸에 알맞은 말을 넣어 문장을 완성하세요.

1 방이 너무 지저분해서 그는 방을 먼저 청소하기로 결정했다.

→ The room was so ☐ that he decided to clean it first.

2 그 화가는 그림을 계속 그리기 위해 붓을 물속에 담갔다.

→ The painter ☐ the brush into water to continue painting.

3 이용 가능한 유일한 선택 사항은 그 상품을 항공으로 보내는 것이다.

→ The only ☐ available is to send the product by air.

4 아일랜드의 인구는 지난 70년간 감소해 왔다.

→ The ☐ of Ireland has been decreasing for the last seventy years.

5 훌륭한 시민은 자신이 살고 있는 사회의 법과 규칙을 준수한다.

→ A good citizen ☐ the laws and rules of the society he or she lives in.

6 그는 그 손목시계를 살 때 기쁨과 환희로 충만했다.

→ He was filled with joy and ☐ as he purchased the watch.

오답률 20%

A 다음 중 단어와 뜻이 <u>잘못</u> 연결된 것을 고르시오. **2점**

① force - 강요하다   ② impressive - 인상적인   ③ population - 인기

④ scan - 정밀 조사하다   ⑤ messy - 지저분한

오답률 25%

B 다음 주어진 문장의 빈칸에 가장 적절한 단어를 고르시오. **2점**

The words and _____ you used in your essay are fantastic.

네 글에서 네가 쓴 단어와 어구들은 아주 멋지다.

① cushions   ② options   ③ devils   ④ phrases   ⑤ acids

오답률 30%

C 다음 문장을 영작할 때 네 번째로 올 단어를 보기에서 고르시오. **2점**

> **보기** 그들은 호수에 빠진 한 남자에게 줄을 던졌다.
> man / drowning / threw / a / lake / to / in / they / rope / the / a

① man   ② a   ③ drowning   ④ in   ⑤ rope

오답률 50%

D 다음 중 단어의 영영 풀이가 <u>잘못된</u> 것을 고르시오. **2점**

① newly: very recent

② dip: to put something into a liquid for a short time

③ influential: having the power to change people or things

④ delight: a feeling of sadness or the state of being unhappy

⑤ cushion: a cloth bag filled with something soft

오답률 80%

E 주어진 단어들을 우리말과 같은 뜻이 되도록 바르게 배열하시오.

1 미라처럼 생긴 저 구름을 봐. **3점**

(at / mummy / cloud / a / the / that / like / looks / look)

_____

2 그 아이는 상담이 다소 필요한 것처럼 보인다. **4점**

(needs / some / it / child / seems / that / the / counseling)

_____

내신 기본 단어

521 **arrow**
[ǽrou]
명 화살
☐ a bow and some **arrows**
활과 몇 개의 화살들

522 **theme**
[θiːm]
명 주제
☐ the main **theme**
중심 주제

523 **scientific**
[sàiəntífik]
형 과학적인
부 scientifically 과학적으로
☐ do **scientific** work
과학적인 연구를 하다
☐ be scientifically proven
과학적으로 입증되다

524 **crop**
[krɑp]
명 작물
☐ keep **crops** fresh longer
작물들을 신선하게 더 오래 보관하다

525 **bare**
[bɛər]
형 벌거벗은
☐ **bare** feet
맨발

526 **professor**
[prəfésər]
명 교수
☐ study under **Professor** Lee
이 교수의 지도를 받다

527 **pause**
[pɔːz]
동 잠시 멈추다
☐ **pause** for a moment
잠깐 동안 멈추다

528 **politely**
[pəláitli]
부 예의 바르게
☐ say **politely**
예의 바르게 말하다

529 **fuel**
[fjú(ː)əl]

명 연료
동 (연료를) 공급하다

□ burn **fuel**
연료를 태우다
□ **fuel** a ship
배에 연료를 공급하다

530 **solo**
[sóulou]

형 단독의

□ his first **solo** exhibition
그의 첫 번째 단독 전시회

531 **plot**
[plɑt]

명 줄거리

□ the **plot** of the movie
그 영화의 줄거리

532 **cancer**
[kǽnsər]

명 암

□ prevent **cancer**
암을 예방하다

533 **respond**
[rispánd]

동 반응하다
파 response 반응

□ **respond** quickly
빨리 반응하다

534 **debate**
[dibéit]

명 토론

□ the **debate** club
토론 동아리

535 **witty**
[wíti]

형 재치 있는
파 wit 재치

□ in a very **witty** way
매우 재치 있는 방식으로

536 **within**
[wiðín]

전 ~이내에

□ **within** five days
5일 이내에

537 **passenger**
[pǽsəndʒər]

명 승객

□ wait for **passengers**
승객들을 기다리다

538 **flavor**
[fléivər]

명 맛, 풍미

□ vanilla **flavor**
바닐라 맛

내신 심화 단어

539 embarrassing 📝 당황스러운
[imbǽrəsiŋ]
📝 embarrassed 당황한
사람이 주어로 나올 때는 주로 embarrassed를 써요.
□ an **embarrassing** moment
당황스러운 순간

540 comprehensive 📝 종합적인, 포괄적인
[kàmprihénsiv]
강세는 3음절(두 번째 -e-)에 있어요.
□ a **comprehensive** school
종합 학교

내신 기초 쌓기

🎵 Track **27-1**

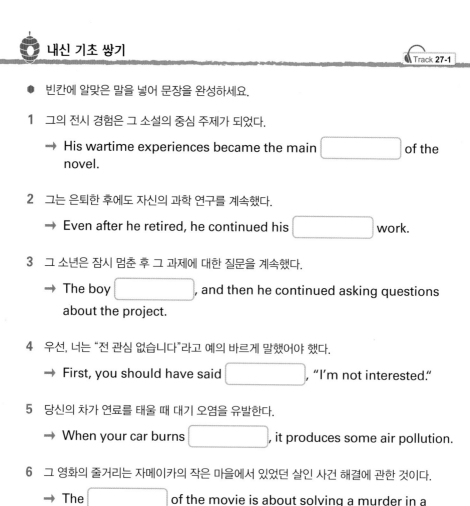

● 빈칸에 알맞은 말을 넣어 문장을 완성하세요.

1 그의 전시 경험은 그 소설의 중심 주제가 되었다.

→ His wartime experiences became the main ⬜ of the novel.

2 그는 은퇴한 후에도 자신의 과학 연구를 계속했다.

→ Even after he retired, he continued his ⬜ work.

3 그 소년은 잠시 멈춘 후 그 과제에 대한 질문을 계속했다.

→ The boy ⬜, and then he continued asking questions about the project.

4 우선, 너는 "전 관심 없습니다"라고 예의 바르게 말했어야 했다.

→ First, you should have said ⬜, "I'm not interested."

5 당신의 차가 연료를 태울 때 대기 오염을 유발한다.

→ When your car burns ⬜, it produces some air pollution.

6 그 영화의 줄거리는 자메이카의 작은 마을에서 있었던 살인 사건 해결에 관한 것이다.

→ The ⬜ of the movie is about solving a murder in a small town in Jamaica.

A 오답률 20%

다음 중 단어와 뜻이 <u>잘못</u> 연결된 것을 고르시오. **2점**

① crop - 작물　　　　② politely - 예의바르게　　　　③ arrow - 화살

④ passenger - 교수　　⑤ bare - 벌거벗은

B 오답률 25%

다음 주어진 문장의 빈칸에 가장 적절한 단어를 고르시오. **2점**

The _____ club helped him overcome his shyness.

그 토론 동아리는 그가 수줍음을 극복하도록 도움을 주었다.

① fuel　　　② professor　　　③ debate　　　④ cancer　　　⑤ flavor

C 오답률 30%

다음 문장을 영작할 때 <u>여덟 번째로</u> 올 단어를 보기에서 고르시오. **2점**

> **보기** 마늘, 양배추 그리고 생강은 암을 예방하는 데 좋다.
> preventing / garlic / good / cabbage / for / ginger / cancer / and / are

① preventing　　② good　　③ for　　④ are　　⑤ cancer

D 오답률 50%

다음 중 단어의 영영 풀이가 <u>잘못된</u> 것을 고르시오. **2점**

① plot: the things that happen in a story

② flavor: the taste of a type of food or drink

③ respond: to answer someone or react to something

④ pause: to keep happening or doing something

⑤ theme: the subject of a book, movie, speech, etc

E 오답률 80%

주어진 단어들을 우리말과 같은 뜻이 되도록 바르게 배열하시오.

1 그는 그 상황을 매우 재치 있는 방식으로 묘사했다. **3점**

(way / situation / in / the / a / he / witty / described / very)

_____

2 여러분 애완동물의 이름 때문에 당황스러웠던 순간을 겪은 적이 있었나요? **4점**

(name / your / moment / you / ever / of / have / pet's / had / an / because / embarrassing)

_____

DAY 28

🔷 내신 기본 단어

Track 28

| 541 | **attend**
[əténd] | 동 참석하다 | ☐ **attend** her funeral
그녀의 장례식에 참석하다 |

541 attend
[əténd]
동 참석하다
☐ **attend** her funeral
그녀의 장례식에 참석하다

542 roast
[roust]
동 굽다
☐ **roast** shrimp
새우를 굽다

543 scarcity
[skéərsəti]
명 부족, 희소성
파 scarce 부족한
☐ water **scarcity**
물 부족

544 climate
[kláimit]
명 기후
참 weather 날씨
☐ measure **climate** change
기후 변화를 측정하다

545 cruel
[krú(:)əl]
형 잔인한
☐ **cruel** treatment
잔인한 대우 [학대]

546 pleasant
[plézənt]
형 즐거운
☐ a **pleasant** experience
즐거운 경험

547 cultivate
[kʌ́ltəvèit]
동 경작하다
☐ **cultivate** rice
쌀을 경작하다

548 unfeeling
[ʌnfíːliŋ]
형 무감각한
☐ **unfeeling** about the distress
고통에 대해 무감각한

549 observe
[əbzə́ːrv]

동 1 (관찰로) 보다, 알아채다
2 준수하다

□ **observe** nothing
아무것도 못 보다
□ **observe** a rule
규칙을 준수하다

550 misunderstanding
[mìsʌndərstǽndiŋ]

명 오해
파 misunderstand
오해하다

□ a little **misunderstanding**
작은 오해

551 aloud
[əláud]

부 큰 소리로

□ read her poem **aloud**
그녀의 시를 큰 소리로 읽다

552 total
[tóutl]

형 총…, 전체의

□ the **total** number
총 수

553 airline
[ɛ́ərlàin]

명 항공사

□ an **airline** company
항공사

554 biology
[baiálədʒi]

명 생물학

□ study **biology** and chemistry
생물학과 화학을 공부하다

555 scar
[skɑːr]

명 상처

□ have a **scar**
상처가 있다

556 shortage
[ʃɔ́ːrtidʒ]

명 부족
유 scarcity

□ a food **shortage**
식량 부족
□ future energy scarcity
미래의 에너지 부족

557 rediscover
[rìːdiskʌ́vər]

동 재발견하다

□ **rediscover** a value
가치를 재발견하다

558 reverse
[rivə́ːrs]

동 뒤바꾸다

□ be **reversed** at any time
언제든지 뒤바뀌다

⬡ 내신 심화 단어

559 bandwagon
[bǽndwæ̀gən]

- 형 유행에 편승하는
- 명 시류, 최신 유행

☐ a **bandwagon** ad
유행에 편승하는 광고
☐ jump on the **bandwagon**
시류에 영합하다

560 moreover
[mɔ:róuvər]

- 부 게다가

문장 전체를 수식해요.

☐ **Moreover**, it was raining.
게다가 비가 내리고 있었다.

🐝 내신 기초 쌓기

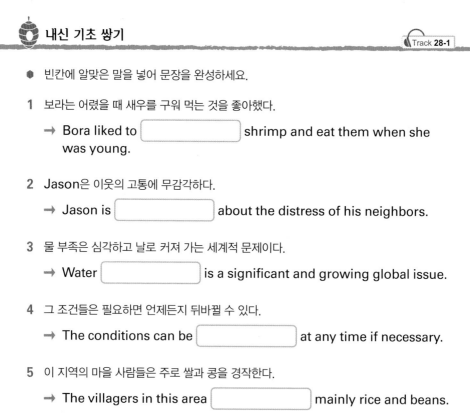

Track 28-1

● 빈칸에 알맞은 말을 넣어 문장을 완성하세요.

1 보라는 어렸을 때 새우를 구워 먹는 것을 좋아했다.

→ Bora liked to [   ] shrimp and eat them when she was young.

2 Jason은 이웃의 고통에 무감각하다.

→ Jason is [   ] about the distress of his neighbors.

3 물 부족은 심각하고 날로 커져 가는 세계적 문제이다.

→ Water [   ] is a significant and growing global issue.

4 그 조건들은 필요하면 언제든지 뒤바뀔 수 있다.

→ The conditions can be [   ] at any time if necessary.

5 이 지역의 마을 사람들은 주로 쌀과 콩을 경작한다.

→ The villagers in this area [   ] mainly rice and beans.

6 소라는 사람들에게 동물 학대에 대해 알려주고 싶었다.

→ Sora wanted to let people know about the [   ] treatment of animals.

A 오답률 20%

다음 중 단어와 뜻이 <u>잘못</u> 연결된 것을 고르시오. 2점

① airline - 항공사　　② cultivate - 경작하다　　③ moreover - 게다가

④ cruel - 기다　　⑤ misunderstanding - 오해

B 오답률 25%

다음 주어진 문장의 빈칸에 가장 적절한 단어를 고르시오. 2점

This situations will lead to a(n) _____ of water in the next ten years.

이러한 상황이 10년 후에는 물 부족으로 이어질 것이다.

① shortage　　② unfeeling　　③ total　　④ reverse　　⑤ aloud

C 오답률 30%

다음 문장을 영작할 때 <u>다섯 번째</u>로 올 단어를 보기에서 고르시오. 2점

> 보기 그들은 그녀의 장례식에 참석하리라고 예상된다.
>
> expected / attend / are / they / funeral / her / to

① attend　　② they　　③ funeral　　④ expected　　⑤ to

D 오답률 50%

다음 중 단어의 영영 풀이가 <u>잘못된</u> 것을 고르시오. 2점

① roast: to cook meat or vegetables in an oven or over a fire

② attend: to be present at an event or activity

③ biology: the scientific study of living things

④ rediscover: to notice someone doing something

⑤ bandwagon: a current trend

E 오답률 80%

주어진 단어들을 우리말과 같은 뜻이 되도록 바르게 배열하시오.

1 우리의 대만 방문은 즐거운 경험이었다. 3점

(our / visit / to / was / a / experience / Taiwan / pleasant)

_____

2 Simon에게는 자신의 왼쪽 다리 대부분을 뒤덮고 있는 상처가 있다. 4점

(has / a / that / covers / Simon / most / his / leg / scar / left / of)

_____

DAY 29

내신 기본 단어

561 **dam**
[dæm]

명 댐

☐ visit the largest **dam**
가장 큰 댐을 방문하다

562 **stuff**
[stʌf]

명 물건

☐ canned **stuff**
통조림

563 **drip**
[drip]

명 방울

☐ water **drips**
물방울

564 **adopt**
[ədápt]

동 1 채택하다
2 입양하다
혼 adapt 적응하다

☐ **adopt** a conservative approach
보수적인 접근법을 채택하다
☐ **adopt** a child
아이를 입양하다

565 **poison**
[pɔ́izən]

명 독
동 독살하다

☐ a deadly **poison**
치명적인 독
☐ **poison** Snow White
백설공주를 독살하다

566 **anxiety**
[æŋzáiəti]

명 불안, 걱정
유 concern 걱정, 근심

☐ performance **anxiety**
수행 불안

567 **microwave**
[máikrəwèiv]

명 전자레인지
동 전자레인지에 데우다

☐ use a **microwave**
전자레인지를 사용하다
☐ **microwave** pizza
피자를 전자레인지에 데우다

568 **bleed**
[bliːd]

동 피를 흘리다
파 blood 피
• bleed-bled-bled

☐ begin to **bleed**
피를 흘리기 시작하다
☐ give blood
헌혈하다

569	**tube** [tjuːb]	명 관	□ a test **tube** 시험관
570	**successfully** [səksésfəli]	부 성공적으로 파 successful 성공적인	□ **successfully** complete a project 성공적으로 과제를 마치다
571	**recommend** [rèkəménd]	동 추천하다	□ a movie to **recommend** 추천할 만한 영화
572	**bookshelf** [búkʃèlf]	명 책꽂이	□ put the books on the **bookshelf** 책들을 책꽂이에 꽂다
573	**chant** [tʃænt]	명 (단조로운) 노래	□ teach a **chant** to children 아이들에게 노래를 가르치다
574	**explanation** [èksplənéiʃən]	명 설명 파 explain 설명하다	□ listen to her **explanation** 그녀의 설명을 듣다 □ explain the rules 규칙을 설명하다
575	**applaud** [əplɔ́ːd]	동 박수를 치다 파 applause 박수갈채	□ **applaud** heartily 열렬히 박수를 치다
576	**conversational** [kànvərséiʃənəl]	형 대화의, 회화의 파 conversation 대화, 회화	□ various **conversational** styles 다양한 대화체
577	**bind** [baind]	동 1 굳게 하다 2 묶다 • bind-bound-bound	□ **bind** dough 반죽을 굳히다 □ **bind** a book in leather 책을 가죽으로 엮다
578	**rival** [ráivəl]	명 라이벌, 경쟁자	□ two **rivals** 두 경쟁자

| 579 **coordinate** 명[kouɔ́ːrdənit] 동[kouɔ́ːrdənèit] | 명 좌표 동 조정하다 | ☐ a **coordinate** system 좌표계 ☐ **coordinate** closely 세밀히 조정하다 |
| 580 **aquarist** [əkwɛ́(ː)ərist] | 명 어류 사육가, 수족관 관리자 | ☐ the number of **aquarists** 어류 사육가의 수 |

🏮 내신 기초 쌓기

Track **29-1**

● 빈칸에 알맞은 말을 넣어 문장을 완성하세요.

1 16세 아이들은 그런 일은 신경 쓰지 않는다.

→ Sixteen-year-olds don't care about [   ] like that.

2 추천할 만한 공포 영화가 있니?

→ Do you have any horror movies to [   ]?

3 필요하다면 반죽을 굳히기 위해 얼음물 한두 스푼을 넣어라.

→ Add 1 to 2 tablespoons of ice water if necessary to [   ] the dough.

4 Peter의 삼촌은 석사 과정을 성공적으로 마쳤다.

→ Peter's uncle [   ] completed his master's degree.

5 이 상태가 진행됨에 따라 뇌는 부풀어 오르고 출혈이 시작될지도 모른다.

→ As this state progresses, the brain swells and may begin to [   ].

6 Michelle은 책꽂이를 정리하다가 우연히 그 사진을 찾아냈다.

→ While Michelle was putting the things on the [   ] in order, she came across the photo.

내신 실전 문제

/ 15점

오답률 20%

A 다음 중 단어와 뜻이 **잘못** 연결된 것을 고르시오. 2점

① stuff - 물건　　② coordinate - 조정하다　　③ anxiety - 불안

④ applaud - 박수를 치다　⑤ recommend - 채택하다

오답률 25%

B 다음 주어진 문장의 빈칸에 가장 적절한 단어를 고르시오. 2점

The doctor inserted a _____ in her mouth to help her breathe.

의사는 그녀가 호흡하는 것을 돕기 위해서 그녀의 입에 관을 삽입했다.

① bookshelf　　② tube　　③ chant　　④ bleed　　⑤ rival

오답률 30%

C 다음 문장을 영작할 때 아홉 번째로 올 단어를 보기에서 고르시오. 2점

> **보기** Laura가 보수적인 접근법을 채택한 것은 놀랍지 않다.
> is / that / surprising / it / not / adopted / a / approach / conservative / Laura

① adopted　　② surprising　　③ approach　　④ conservative　　⑤ that

오답률 50%

D 다음 중 단어의 영영 풀이가 **잘못된** 것을 고르시오. 2점

① dam: a wall built across a river to stop the water from flowing

② poison: a substance that can kill you or make you ill if you eat or drink it

③ adopt: to decide to start using a particular idea, plan, or method

④ bind: to strike the hands together over and over to show praise

⑤ rival: a person, team, or business that competes with another

오답률 80%

E 주어진 단어들을 우리말과 같은 뜻이 되도록 바르게 배열하시오.

1 다양한 대화체에 대한 그 강의는 좋았다. 3점

(lecture / various / the / conversational / was / on / great / styles)

_____

2 나는 그의 설명을 이해할 수 없었다. 4점

(explanation / couldn't / sense / of / make / I / his)

_____

DAY 30

🔷 내신 기본 단어

 Track 30

---

581 **wealth**
[welθ]

🅖 재산

□ spend almost all of his **wealth**
그의 재산을 거의 다 쓰다

---

582 **politics**
[pálitiks]

🅖 정치

□ progress in **politics**
정치의 진보

---

583 **guy**
[gai]

🅖 1 사람 2 남자

□ fight against bad **guys**
나쁜 사람들에 맞서 싸우다

□ a tough **guy**
거친 남자

---

584 **compose**
[kəmpóuz]

🅥 작곡하다
🅢 be composed of
~로 구성되다

□ **compose** a symphony
교향곡을 작곡하다

□ be composed of cells
세포로 구성되다

---

585 **technique**
[tekní:k]

🅖 기술

□ one common **technique**
한 가지 흔한 기술

---

586 **honestly**
[ánistli]

🅑 정직하게
🅟 honest 정직한

□ act **honestly**
정직하게 행동하다

---

587 **diagram**
[dáiəgræm]

🅖 도표

□ draw a simple **diagram**
간단한 도표를 그리다

---

588 **department**
[dipá:rtmənt]

🅖 1 부서 2 매장

□ the sales **department**
영업부

□ a **department** store
백화점

---

589 **digestive**
[didʒéstiv]

형 소화의
파 digest 소화하다

☐ the **digestive** system
소화기관

590 **spacewalk**
[spéiswɔ̀ːk]

명 우주 유영

☐ an exciting **spacewalk**
신나는 우주 유영

591 **creation**
[kriéiʃən]

명 창출, 창조
파 create 창조하다

☐ a job **creation** program
고용 창출 프로그램

592 **radar**
[réidɑːr]

명 레이더, 전파 탐지기

☐ a **radar** system
레이더 시스템

593 **arrange**
[əréindʒ]

동 배열하다

☐ **arrange** a list of words
단어 목록을 배열하다

594 **clip**
[klip]

동 클립으로 고정하다
명 핀, 클립

☐ **clip** a bird's wing
새의 날개를 클립으로 고정하다
☐ a hair **clip**
머리핀

595 **unheard**
[ʌnhə́ːrd]

형 들리지 않는
숙 unheard of 전례가 없는

☐ go **unheard**
(소리가) 들리지 않다
☐ something unheard of
전례가 없는 일

596 **pump**
[pʌmp]

동 퍼내다, 분출하다

☐ **pump** blood through
the body
전신으로 피를 보내다

597 **majesty**
[mǽdʒəsti]

명 1 왕, 폐하 2 장엄함

☐ Her **Majesty**
여왕 폐하
☐ the **majesty** of the
music
음악의 장엄함

598 **mystery**
[místəri]

명 1 추리 2 수수께끼
파 mysterious 기이한, 신비한

☐ **mystery** novels
추리 소설
☐ remain a **mystery**
수수께끼로 남아 있다

599 **glamorous**
[glǽmərəs]

ⓗ 매혹적인
ⓤ attractive 매력적인

☐ a **glamorous** movie star
매혹적인 영화배우

600 **characteristic**
[kæ̀riktərístik]

ⓜ 특징
ⓗ 특유의

character '성격, 인물'과
혼동하지 말아요.

☐ your own personality **characteristics**
여러분 자신의 성격 특성들

☐ a **characteristic** odor
특유의 냄새

● 내신 기초 쌓기

Track **30-1**

● 빈칸에 알맞은 말을 넣어 문장을 완성하세요.

1 너는 가나다순으로 단어 목록을 배열해야 한다.

→ You have to [   ] the list of words in Korean alphabetical order.

2 몇몇 사람들은 그것이 매우 성공적인 고용 창출 프로그램이 될 것이라고 생각했다.

→ Some people thought it would be a very successful job [   ] program.

3 그는 전 재산의 거의 대부분을 상당히 많은 고서를 수집하는 데 썼다.

→ He spent almost all of his [   ] collecting a great number of old books.

4 문제에 휘말리지 않도록 여러분은 정직하게 행동해야 한다.

→ You have to act [   ] so as not to get into trouble.

5 Jennifer는 간단한 도표를 그려가며 자신의 요점을 설명했다.

→ Jennifer illustrated her point by drawing a simple [   ].

6 심장의 역할은 전신으로 혈액을 내보내는 것이다.

→ The role of the heart is to [   ] blood through the body.

내신 실전 문제

오답률 20%

A 다음 중 단어와 뜻이 **잘못** 연결된 것을 고르시오. **2점**

① arrange - 퍼내다　　② honestly - 정직하게　　③ department - 부서

④ clip - 핀　　⑤ technique - 기술

오답률 25%

B 다음 주어진 문장의 빈칸에 가장 적절한 단어를 고르시오. **2점**

Though she was very young, she was able to _____ music.

그녀는 매우 어리긴 했지만 음악을 작곡할 수 있었다.

① pump　　② compose　　③ guy　　④ digestive　　⑤ mystery

오답률 30%

C 다음 문장을 영작할 때 <u>아홉 번째로</u> 올 단어를 보기에서 고르시오. **2점**

> **보기**　한국은 정치 및 문화에서 상당히 진보했다.
> has / Korea / lot / a / made / in / and / culture / politics / of / progress

① politics　　② lot　　③ culture　　④ progress　　⑤ made

오답률 50%

D 다음 중 단어의 영영 풀이가 **잘못된** 것을 고르시오. **2점**

① wealth: a large amount of money and other valuable things

② diagram: a drawing that explains something

③ glamorous: beautiful and attractive

④ majesty: to put in the correct order

⑤ unheard: not given attention

오답률 80%

E 주어진 단어들을 우리말과 같은 뜻이 되도록 바르게 배열하시오.

1 각 요소는 그 레이더 시스템의 중요한 일부이다. **3점**

(component / a / the / radar / each / critical / system / of / part / is)

_____

2 네가 신나는 우주 유영을 경험해 보기를 바란다. **4점**

(would / you / experience / I / an / spacewalk / exciting / like / to)

_____

🔷 내신 기본 단어

---

601 harvest
[háːrvist]

동 수확하다
명 수확

□ **harvest** cocoa beans
카카오 열매를 수확하다
□ the **harvest** season
수확 철

---

602 brightly
[bráitli]

부 밝게
파 bright 밝은

□ shine **brightly**
밝게 빛나다

---

603 bounce
[bauns]

동 튕기다

□ **bounce** around
이리저리 튕기다

---

604 imitation
[ìmitéiʃən]

명 모방, 모조품
파 imitate 모방하다

□ a cheap **imitation**
싸구려 모조품

---

605 erosion
[iróuʒən]

명 침식
파 erode 침식하다

□ soil **erosion**
토양 침식

---

606 dropout
[drápàut]

명 중퇴(자)

□ school **dropout** rates
중퇴율

---

607 scatter
[skǽtər]

동 뿌리다

□ **scatter** the grass seeds
잔디 씨를 뿌리다

---

608 flour
[fláuər]

명 밀가루

□ add a little more **flour**
밀가루를 좀 더 넣다

---

609 per
[pər]

전 ~당[마다]

□ five thousand won **per** week
주당 5천원

610 appropriate
[əpróupriət]

형 적절한
유 suitable

□ choose **appropriate** words
적절한 말을 선택하다

□ **suitable** for the job
그 직업에 적절한

611 mop
[mɑp]

동 닦다
혼 mob 군중

□ **mop** the floor
마루를 닦다

612 boastful
[bóustfəl]

형 뽐내기 좋아하는
파 boast 뽐내다

□ vain and **boastful**
허영심 많고 뽐내기 좋아하는

613 worthwhile
[wə̀:rθhwáil]

형 가치 있는

□ a **worthwhile** attempt
그럴 만한 가치가 있는 시도

614 dull
[dʌl]

형 우둔한

□ a **dull** boy
우둔한 소년

615 beholder
[bihóuldər]

명 보는 사람
파 behold 보다

□ the eye of the **beholder**
보는 사람의 눈

616 thankfully
[θǽŋkfəli]

부 다행스럽게도
파 thankful 고맙게 여기는

□ **Thankfully**, Paul took my side.
다행히도 Paul이 내 편을 들었다.

617 damp
[dæmp]

형 눅눅한, 축축한

□ a **damp** room
눅눅한 방

618 anchor
[ǽŋkər]

명 1 진행자, 앵커
2 닻

□ a TV news **anchor**
TV 뉴스 앵커

□ drop the **anchor**
닻을 내리다

619 **synthesize**
[sínθisàiz]

동 합성하다

☐ **synthesize** vitamin C
비타민 C를 합성하다

620 **parachute**
[pǽrəʃùːt]

명 낙하산

☐ how to use a **parachute**
낙하산 사용법

내신 기초 쌓기

Track 31-1

● 빈칸에 알맞은 말을 넣어 문장을 완성하세요.

1 마루를 닦느니 차라리 설거지를 하겠다.

→ I would rather wash the dishes than ⬚ the floor.

2 일만 하고 놀지 않으면 Jack은 우둔한 소년이 된다. (일만 하고 놀지 않으면 우둔한 사람이 된다.)

→ All work and no play makes Jack a ⬚ boy.

3 복권 당첨금 때문에 그녀는 허영심이 많아지고 뽐내는 것을 좋아하게 되었다.

→ A lottery payout made her vain and ⬚.

4 모방은 각 산업 분야에서 창의력을 이끌어냈다.

→ ⬚ has led to creativity in various fields of industry.

5 꽃은 씨앗을 뿌리기 위해서 다양한 방법을 사용한다.

→ Flowers use a variety of ways to ⬚ their seeds.

6 주당 5천원이 십대에게 충분할 리가 없다.

→ Five thousand won ⬚ week cannot be enough for a teenager.

오답률 20%

A 다음 중 단어와 뜻이 <u>잘못</u> 연결된 것을 고르시오. **2점**

① damp - 눅눅한　　　　② per - ~당　　　　③ imitation - 모방

④ mop - 군중　　　　　⑤ beholder - 보는 사람

오답률 25%

B 다음 주어진 문장의 빈칸에 가장 적절한 단어를 고르시오. **2점**

Grazing cattle on the land brings about further soil _____.

소를 방목하는 것은 더 심각한 토양 침식을 초래한다.

① boastful　　② thankfully　　③ parachute　　④ brightly　　⑤ erosion

오답률 30%

C 다음 문장을 영작할 때 아홉 번째로 올 단어를 보기에서 고르시오. **2점**

> **보기**　그녀의 얼굴에 피어난 미소가 그의 모든 노력을 가치 있게 해주었다.
> smile / the / all / efforts / worthwhile / his / made / face / her / on

① smile　　　② worthwhile　　　③ made　　　④ face　　　⑤ efforts

오답률 50%

D 다음 중 단어의 영영 풀이가 <u>잘못된</u> 것을 고르시오. **2점**

① harvest: the act or process of gathering in a crop

② scatter: to throw or drop things so that they spread over an area

③ appropriate: the gradual destruction of something by natural forces

④ dropout: a person who stops going to a school before graduating

⑤ flour: powder made from a grain

오답률 80%

E 주어진 단어들을 우리말과 같은 뜻이 되도록 바르게 배열하시오.

1 나는 그녀가 왜 TV 뉴스 앵커가 되고 싶어하는지 모르겠다. **3점**

(don't / why / I / she / to / a / TV / be / wants / news / know / anchor)

_____

2 팝콘이 냄비 안에서 곧 이리저리 튕기기 시작할 것이다. **4점**

(will / soon begin / bounce / inside / the / popcorn / the / pot / to / around)

_____

DAY 32

내신 기본 단어

 Track **32**

---

621 triangle
[tráiæ̀ŋgl]

명 삼각형

☐ draw a **triangle**
삼각형을 그리다

---

622 link
[liŋk]

동 연결하다
명 관련(성)

☐ **link** Korea with Europe
한국과 유럽을 연결하다
☐ a **link** between two crimes
두 범죄 사이의 관련성

---

623 anger
[ǽŋgər]

명 분노
파 angry 화난

☐ relieve my **anger**
분노를 가라앉히다

---

624 fate
[feit]

명 운명

☐ believe in **fate**
운명이 있다고 믿다

---

625 mosque
[mɑsk]

명 이슬람 사원
혼 mosquito 모기

☐ enter a **mosque**
이슬람 사원에 들어가다
☐ a mosquito bite
모기 물린 곳

---

626 advance
[ədvǽns]

명 발전
동 진보하다, 나아가다

☐ significant **advances**
눈부신 발전
☐ **advance** considerably
상당히 진보하다

---

627 gun
[gʌn]

명 총

☐ shoot a **gun**
총을 쏘다

---

628 semester
[siméstər]

명 학기

☐ the next **semester**
다음 학기

---

629 laboratory
[lǽbərətɔ̀:ri]

📘 실험실

□ a science **laboratory**
과학 실험실

630 fastener
[fǽsənər]

📘 잠금장치
📙 fasten 매다, 잠그다

□ an automatic **fastener**
자동 잠금장치

631 dishonestly
[disɑ́nistli]

📗 부정직하게
📕 honestly 정직하게

□ act **dishonestly**
부정직하게 행동하다

632 memorable
[mémərəbl]

📘 기억할 만한
📙 memory 기억

□ a **memorable** meeting
기억에 남을 만남

□ in recent memory
최근의 기억에

633 comforting
[kʌ́mfərtiŋ]

📗 위로가 되는
📙 comfort 위로하다

□ **comforting** words
위로가 되는 말

634 equal
[í:kwəl]

📘 동등한 것[사람]
📗 동등한

□ treat women and men
as **equals**
여성과 남성을 동등하게 대우하다

□ **equal** rights
동등한 권리

635 custom
[kʌ́stəm]

📘 관습, 관행

□ an old **custom**
오래된 관습

636 principle
[prínsəpl]

📘 원리
📔 principal 교장

□ the **principle** of relativity
상대성의 원리

637 miner
[máinər]

📘 광부
📔 minor 대수롭지 않은

□ a lot of **miners**
많은 광부들

□ minor surgery
경미한 수술

638 unfamiliarity
[ʌ̀nfəmiliǽrəti]

📘 생소함
📕 familiarity 친근함

□ **unfamiliarity** with the
area
그 지역에 대한 생소함

| 639 **diagonal**
[daiǽgənəl] | 형 대각선의 | ☐ **diagonal** lines
대각선 |

| 640 **parallelogram**
[pæ̀rəléləgræ̀m] | 명 평행사변형 | ☐ angles of a **parallelogram**
평행사변형의 각도 |

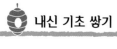

parralle은 '평행의'라는 뜻의 형용사예요.

🐝 내신 기초 쌓기

Track **32-1**

● 빈칸에 알맞은 말을 넣어 문장을 완성하세요.

1 먼저, 삼각형과 정사각형을 그려야 한다.

→ First of all, you have to draw a [   ] and a square.

2 Jason이 상대성의 원리를 이해한다는 게 사실일 리가 없다.

→ That Jason understands the [   ] of relativity cannot be true.

3 그들은 결코 동등한 사람들로 대우받지 못했다.

→ They were never treated as [   ].

4 그녀가 해주는 위로의 말이 내 기분을 한결 낫게 해주곤 했다.

→ Her [   ] words used to make me feel better.

5 의학의 놀라운 발전으로 이제 우리는 100세 이상 살 수 있게 되었다.

→ Significant [   ] in medicine now enable us to live over 100.

6 그 군인은 왼쪽 팔에 총상을 입었다.

→ The soldier suffered [   ] shot wounds to his left arm.

내신 실전 문제

/ 15점

오답률 20%

A 다음 중 단어와 뜻이 **잘못** 연결된 것을 고르시오. **2점**

① custom - 관습　　② laboratory - 실험실　　③ unfamiliarity - 생소함

④ advance - 발전　　⑤ miner - 대수롭지 않은

오답률 25%

B 다음 주어진 문장의 빈칸에 가장 적절한 단어를 고르시오. **2점**

That was a valuable and _____ meeting for both of us.

우리 둘 모두에게 그 만남은 소중하고 기억에 남을 만한 것이었다.

① memorable　　② diagonal　　③ fastener　　④ mosque　　⑤ triangle

오답률 30%

C 다음 문장을 영작할 때 <u>다섯 번째</u>로 올 단어를 보기에서 고르시오. **2점**

> **보기**　핵심 쟁점은 그 소녀들이 부정직하게 행동했는지의 여부였다.
>
> key / was / the / acted / the / issue / whether / girls / dishonestly

① whether　　② issue　　③ acted　　④ dishonestly　　⑤ key

오답률 50%

D 다음 중 단어의 영영 풀이가 **잘못된** 것을 고르시오. **2점**

① equal: the same in number, amount, rank, or quality

② comforting: making you feel less sad, worried, or disappointed

③ gun: a weapon that shoots bullets

④ fate: a belief that helps you know what is right and wrong

⑤ link: to connect, relate, or associate

오답률 80%

E 주어진 단어들을 우리말과 같은 뜻이 되도록 바르게 배열하시오.

1 나는 다음 학기에 컴퓨터 강좌를 수강할 계획이다. **3점**

(plan / take / computer / semester / next / course / a / to / I)

_____

2 Brian은 분노를 완화시켜 줄 좋은 방법을 내게 알려주었다. **4점**

(Brian / me / a / way / relieve / anger / my / to / good / of / informed)

_____

내신 기본 단어

 Track 33

641 **magical** [mǽdʒikəl]	형 마법의 파 magician 마법사	□ the **magical** clothes 마법의 옷
642 **essay** [ései]	명 수필, 에세이	□ write an **essay** 수필을 쓰다
643 **apply** [əplái]	동 1 바르다 2 적용하다	□ **apply** some glue 약간의 풀을 바르다 □ **apply** science to real life 실생활에 과학을 적용하다
644 **brief** [briːf]	형 짧은	□ a few **brief** minutes 몇 차례의 짧은 순간
645 **madly** [mǽdli]	부 미친 듯이, 맹렬히 파 mad 미친	□ fall **madly** in love 열렬히 사랑하다
646 **decrease** 동[diːkríːs] 명[díːkriːs]	동 줄이다 명 감소, 하락	□ **decrease** the amount of CO_2 이산화탄소 양을 줄이다 □ a sharp **decrease** 급락
647 **ceramic** [sərǽmik]	명 도자기	□ an exhibition of **ceramics** 도자기 전시회
648 **locker** [lákər]	명 사물함, 물품 보관함 파 lock 잠그다	□ open her **locker** 그녀의 사물함을 열다

649 automobile
[ɔ́ːtəməbíːl]
명 자동차

□ **automobiles** and airplanes
자동차와 비행기

650 squeeze
[skwiːz]
동 꼭 짜다

□ **squeeze** juice from a lemon
레몬즙을 짜다

651 chime
[tʃaim]
동 (종이) 울리다

□ a **chiming** wall clock
괘종시계

652 production
[prədʌ́kʃən]
명 생산
파 product 생산품, 제품

□ plastic **production**
플라스틱 생산
□ everyday products
일상 용품들

653 tissue
[tíʃuː]
명 화장지, 티슈

□ buy more **tissues**
더 많은 화장지를 사다

654 retire
[ritáiər]
동 은퇴하다
파 retired 은퇴한

□ by the time he **retired**
그가 은퇴했을 무렵
□ a retired soccer player
은퇴한 축구 선수

655 stool
[stuːl]
명 (등받이와 팔걸이가 없는) 의자

□ on top of a **stool**
의자 위에

656 pollution
[pəljúːʃən]
명 오염
파 pollute 오염시키다

□ air **pollution**
대기 오염

657 sudden
[sʌ́dən]
형 급작스러운
숙 all of a sudden 갑자기
파 suddenly 갑자기

□ a **sudden** rise
급작스러운 상승
□ happen all of a sudden
갑자기 일어나다

658 strangely
[stréindʒli]
부 이상하게도
파 strange 이상한

□ a **strangely** beautiful village
이상하게도 아름다운 마을

● 내신 심화 단어

⁶⁵⁹ **historical**
[hist5(:)rikəl]
⑱ 역사적인
□ **historical** treasures
역사적인 보물들

> historic '역사적으로 중요한'과 달리 '역사에 있었던 사실'을 말할 때 쓰여요.

⁶⁶⁰ **shovel**
[ʃʌ́vəl]
⑲ 삽
□ a gardening **shovel**
모종삽

● 내신 기초 쌓기

Track **33-1**

● 빈칸에 알맞은 말을 넣어 문장을 완성하세요.

1 다양한 종류의 연료 가격이 급작스럽게 상승했다.

→ The prices of various types of fuel have shown a ⬚ rise.

2 마법의 옷이 없었다면, 그녀는 그와 결혼할 수 없었을 것이다.

→ Without the ⬚ clothes, she couldn't have married him.

3 몇 차례의 짧은 순간일지라도, 우리는 근심에서 자유로워질 수 있을 것이다.

→ Even if it were for just a few ⬚ minutes, we could be free from our anxieties.

4 그가 은퇴할 무렵, Michael Jordan은 3만점 이상 득점했다.

→ By the time he ⬚ , Michael Jordan had scored more than 30,000 points.

5 Peter는 종이 울리기 시작하자 교회로 향했다.

→ Peter headed to church as soon as the bells began to ⬚ .

6 책꽂이 위에 닿으려면 의자 위로 올라서야 한다.

→ You may need to stand on top of a ⬚ to reach the top of the bookshelf.

오답률 20%

A 다음 중 단어와 뜻이 **잘못** 연결된 것을 고르시오. 2점

① brief - 짧은　　　② pollution - 오염　　　③ apply - 바르다

④ sudden - 마법의　　　⑤ madly - 미친 듯이

오답률 25%

B 다음 주어진 문장의 빈칸에 가장 적절한 단어를 고르시오. 2점

The exhibition of _____ by Picasso is to be held before Christmas.

피카소의 도예품 전시회가 크리스마스 전에 열릴 예정이다.

① tissues　　② ceramics　　③ essays　　④ automobiles　　⑤ products

오답률 30%

C 다음 문장을 영작할 때 **여섯 번째**로 올 단어를 보기에서 고르시오. 2점

> 보기 Cindy는 실생활에 과학을 적용하는 분야에 관심이 있다.
> is / to / Cindy / interested / applying / real / science / life / in

① interested　　② real　　③ applying　　④ science　　⑤ life

오답률 50%

D 다음 중 단어의 영영 풀이가 **잘못된** 것을 고르시오. 2점

① magical: involving magic or the use of magic

② locker: a small personal cupboard in which you store clothes, books, etc

③ chime: to stop working when you are officially too old to work

④ stool: a seat that has legs but no support for your back or arms

⑤ squeeze: to press something firmly, especially with your hands

오답률 80%

E 주어진 단어들을 우리말과 같은 뜻이 되도록 바르게 배열하시오.

1 저 편의점에 세워줘. 그럼 내가 화장지를 더 많이 살게. 3점

(that / pull into / and / I'll / more / buy / convenience store / tissues)

_____

2 나는 저 역사적인 한국 문화재들이 영구히 소실되지 않기를 바란다. 4점

(hope / those / treasures / won't / be / historical / forever / I / Korean / lost)

_____

🔷 내신 기본 단어

661 **eager**
[íːgər]
형 열망하는
파 eagerness 열망
□ **eager** to return
돌아가기를 열망하는

662 **brace**
[breis]
명 지지대
□ a steel **brace**
강철 지지대

663 **brand**
[brænd]
명 상표
□ a leading **brand**
일류 상표

664 **etc**
[et sétərə]
부 ~등등
(et cetera의 약어)
□ *bibimbap, japchae,* **etc**
비빔밥, 잡채 등

665 **shortly**
[ʃɔ́ːrtli]
부 바로, 곧
□ **shortly** after
바로 직후에

666 **fraction**
[frǽkʃən]
명 《수학》 분수
□ study **fractions**
분수를 공부하다

667 **supreme**
[sjuprí:m]
형 최고의
□ the **Supreme** Court
대법원

668 **congress**
[káŋgrəs]
명 의회
파 congressman 국회의원
□ the U.S. **Congress**
미 의회

669 grateful
[gréitfəl]

혱 감사하는
㊀ thankful 감사하는

□ feel **grateful**
고맙게 여기다

670 neglect
[niglékt]

동 소홀히 하다

□ never **neglect** anything
절대 아무것도 소홀히 하지 않다

671 inspire
[inspáiər]

동 영감을 주다
㊉ inspiration 영감

□ **inspired** by the ocean
바다에서 영감을 받은

672 bucket
[bʌ́kit]

명 양동이
㊀ bucket list 죽기 전에
하고 싶은 일의 목록

□ carry a **bucket**
양동이를 운반하다

673 practical
[prǽktikəl]

혱 실용적인

□ some **practical** advice
몇 가지의 실질적인 조언

674 conflict
[kánflikt]

명 분쟁, 갈등

□ cause **conflict**
분쟁을 일으키다

675 fellowship
[félouʃìp]

명 단체[조합], 친목

□ The **Fellowship**
of the Ring
반지 원정대

676 decoration
[dèkəréiʃən]

명 장식품
㊉ decorate 장식하다

□ Christmas **decorations**
크리스마스 장식품

677 petroleum
[pətróuliəm]

명 석유
㊀ coal 석탄

□ synthesized from
petroleum
석유에서 합성된

678 equipment
[ikwípmənt]

명 장비

□ rent **equipment**
장비를 임대하다

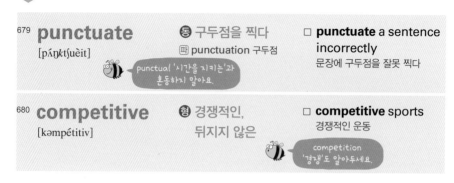

내신 심화 단어

679 **punctuate**
[pʌ́ŋktʃuèit]

⑧ 구두점을 찍다
㉕ punctuation 구두점

punctual('시간을 지키는'과 혼동하지 말아요.

☐ **punctuate** a sentence incorrectly
문장에 구두점을 잘못 찍다

680 **competitive**
[kəmpétitiv]

⑱ 경쟁적인, 뒤지지 않은

competition '경쟁'도 알아두세요.

☐ **competitive** sports
경쟁적인 운동

내신 기초 쌓기

Track **34-1**

● 빈칸에 알맞은 말을 넣어 문장을 완성하세요.

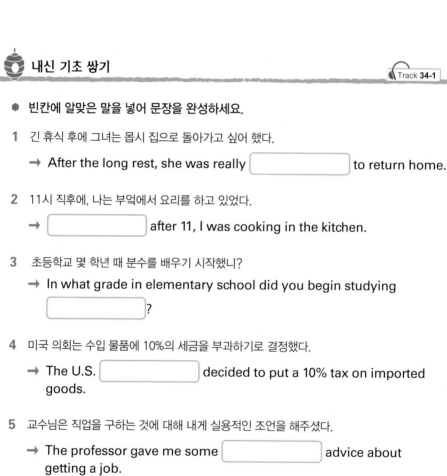

1 긴 휴식 후에 그녀는 몹시 집으로 돌아가고 싶어 했다.

→ After the long rest, she was really ⬚ to return home.

2 11시 직후에, 나는 부엌에서 요리를 하고 있었다.

→ ⬚ after 11, I was cooking in the kitchen.

3 초등학교 몇 학년 때 분수를 배우기 시작했니?

→ In what grade in elementary school did you begin studying ⬚?

4 미국 의회는 수입 물품에 10%의 세금을 부과하기로 결정했다.

→ The U.S. ⬚ decided to put a 10% tax on imported goods.

5 교수님은 직업을 구하는 것에 대해 내게 실용적인 조언을 해주셨다.

→ The professor gave me some ⬚ advice about getting a job.

6 〈반지 원정대〉라는 영화를 본 적 있니?

→ Have you ever seen the movie *The* ⬚ *of the Ring*?

내신 실전 문제

오답률 20%

A 다음 중 단어와 뜻이 <u>잘못</u> 연결된 것을 고르시오. `2점`

① bucket - 양동이　　　　② eager - 상표　　　　③ fraction - 분수

④ inspire - 영감을 주다　　⑤ decoration - 장식품

오답률 25%

B 다음 주어진 문장의 빈칸에 가장 적절한 단어를 고르시오. `2점`

The _____ Court decided that the man was not guilty.

대법원은 그 남자가 무죄라고 결정했다.

① Super　　② Grateful　　③ shortly　　④ Supreme　　⑤ Practical

오답률 30%

C 다음 문장을 영작할 때 <u>다섯 번째</u>로 올 단어를 보기에서 고르시오. `2점`

> **보기** 　고무는 석유에서 합성된 것이다.
>
> 　　　　synthesized / from / is / rubber / petroleum

① synthesized　　② from　　③ rubber　　④ petroleum　　⑤ is

오답률 50%

D 다음 중 단어의 영영 풀이가 <u>잘못된</u> 것을 고르시오. `2점`

① brand: products made by one particular manufacturer

② congress: an elected group of politicians who can make laws

③ grateful: wanting to thank someone

④ neglect: to have a good opinion of someone's ideas

⑤ conflict: disagreements about something important

오답률 80%

E 주어진 단어들을 우리말과 같은 뜻이 되도록 바르게 배열하시오.

1 그 강철 지지대는 그의 특별한 신발에 부착되어 있었다. `3점`

(his / to / attached / was / the / steel / shoes / brace / special)

_____

2 모든 학생이 그 문장에 구두점을 잘못 찍었다. `4점`

(the / incorrectly / every / punctuated / sentence / student)

_____

DAY 35

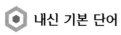 내신 기본 단어

 Track 35

681 maintain [meintéin]	통 유지하다 파 maintenance 유지	□ **maintain** a healthy diet 건강한 식단을 유지하다
682 promote [prəmóut]	통 홍보하다, 촉진하다 파 promotion 홍보	□ **promote** the art of photography 사진 예술을 홍보하다
683 mixture [míkstʃər]	명 혼합물 파 mix 섞다	□ a **mixture** of chemicals 화학물질의 혼합물
684 beyond [bijάnd]	전 ~을 넘어서	□ **beyond** imagination 상상을 넘어서
685 anchovy [ǽntʃouvi]	명 멸치	□ **anchovy** broth 멸치 육수
686 current [kə́:rənt]	명 흐름, 전류 형 현재의	□ direct **current** 직류 □ the **current** situation 현재 상황
687 decisive [disáisiv]	형 결정적인 파 decide 결정하다	□ **decisive** factors 결정적인 요인들
688 halfway [hǽfwéi]	부 중도에	□ drop out of school **halfway** 중도에 학교를 그만두다

146

689 possibility
[pὰsəbíləti]

명 가능성, 기회
파 possible 가능한

□ the **possibility** of finding a cure
치료제를 발견할 가능성

690 grocery
[gróusəri]

명 식료품

□ a **grocery** store
식료품점

691 informal
[infɔ́:rməl]

형 비공식[비격식]의, 구어[회화]체의
반 formal 공식의, 격식을 차린

□ an **informal** expression
구어체 표현

692 screen
[skri:n]

명 화면

□ on the **screen**
화면에

693 crab
[kræb]

명 게

□ long-legged **crabs**
다리가 긴 게 [대게]

694 spine
[spain]

명 가시, 돌기

□ cactus **spines**
선인장 가시

695 sculpture
[skʌ́lptʃər]

명 조각

□ a stone **sculpture**
석조 조각

696 stomachache
[stʌ́məkeik]

명 복통, 배탈
파 stomach 위, 배

□ have a **stomachache**
복통을 일으키다

697 zookeeper
[zú:kì:pər]

명 사육사

□ a **zookeeper** working with elephants
코끼리 사육사

698 acknowledge
[əknάlidʒ]

동 인정하다
숙 be acknowledged as ~로 인정받다

□ be acknowledged as the best player
최고의 선수로 인정받다

내신 심화 단어

699 memorial
[məmɔ́:riəl]

형 기념하기 위한
명 기념비[물]

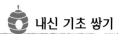 memory '기억'과 혼동하지 말아요.

□ a **memorial** prize
기념상
□ a war **memorial**
전쟁 기념비

700 achievement
[ətʃí:vmənt]

명 업적

accomplishment도 '업적'이라는 뜻이 있어요.

□ his outstanding **achievements**
그의 놀라운 업적

내신 기초 쌓기

 Track **35-1**

● 빈칸에 알맞은 말을 넣어 문장을 완성하세요.

1 너는 규칙적으로 운동하면서 건강한 식단을 유지하도록 노력해야 한다.

→ You should try to [ ] a healthy diet while exercising regularly.

2 이 인공 조미료는 화학물질의 혼합물이다.

→ This artificial seasoning is a [ ] of chemicals.

3 흰긴수염고래의 실제 크기는 상상을 넘어선다.

→ The actual size of the blue whale is [ ] your imagination.

4 그 대학이 널 합격시킬 가능성은 있다.

→ There is a [ ] that the university will accept you.

5 갑자기 읽기 어려운 글자들이 화면에 나타났다.

→ Suddenly some unreadable words appeared on the [ ].

6 그 동굴 벽은 놀라운 석조 조각들로 장식되어 있었다.

→ The walls in the cave were decorated with amazing stone [ ].

148

오답률 20%

A 다음 중 단어와 뜻이 잘못 연결된 것을 고르시오. 2점

① mixture - 혼합물　　② possibility - 식료품　　③ achievement - 업적

④ promote - 홍보하다　　⑤ maintain - 유지하다

오답률 25%

B 다음 주어진 문장의 빈칸에 가장 적절한 단어를 고르시오. 2점

He wants to be a(n) _____ working with elephants.

그는 코끼리 사육사가 되고 싶어 한다.

① halfway　　② decisive　　③ acknowledge　　④ screen　　⑤ zookeeper

오답률 30%

C 다음 문장을 영작할 때 여섯 번째로 올 단어를 보기에서 고르시오. 2점

> 보기　　선인장에는 많은 가시와 알록달록한 꽃들이 있다.
>
> cactus / of / colorful / flowers / a / has / lots / spines / and

① flowers　　② spines　　③ cactus　　④ colorful　　⑤ and

오답률 50%

D 다음 중 단어의 영영 풀이가 잘못된 것을 고르시오. 2점

① memorial: serving to preserve a memory

② informal: friendly rather than official

③ spine: sharp points on an animal's body or on a plant's stem or leaf

④ crab: a four-legged creature that is often kept by people

⑤ current: most recent

오답률 80%

E 주어진 단어들을 우리말과 같은 뜻이 되도록 바르게 배열하시오.

1 이 한국의 전통 찌개는 멸치 육수를 기본으로 사용한다. 3점

(this / Korean / traditional / its / base / uses / anchovy / broth / as / soup)

_____

2 그의 위대한 업적으로 인해 그는 한국의 간디라고 불린다. 4점

(he / called / the Gandhi of Korea / his / for / great / achievements / is)

_____

내신 기본 단어

701 certain [sə́:rtən]	혱 1 특정한 2 확실한 咼 certainly 틀림없이	□ in a **certain** area 특정 분야에서 □ feel **certain** 확실하다고 느끼다
702 stylist [stáilist]	몡 스타일리스트	□ a food **stylist** 푸드 스타일리스트
703 heal [hi:l]	동 치유하다 혼 heel 발뒤꿈치	□ **heal** the wound 상처를 치유하다
704 shelf [ʃelf]	몡 선반	□ the top **shelf** 선반 맨 위 칸
705 drug [drʌg]	몡 약(물) 윤 medicine	□ expensive **drugs** 비싼 약
706 amazed [əméizd]	혱 (대단히) 놀란 咼 amazing 놀라운	□ **amazed** by machines 기계에 놀란
707 afford [əfɔ́:rd]	동 ~할 여유가 있다, ~할 형편이 되다	□ can't **afford** to buy a house 집을 살 형편이 안 되다
708 despair [dispέər]	몡 절망	□ in **despair** 절망하여

709 yield
[ji:ld]

동 굴복하다

□ **yield** to despair
절망에 굴복하다

710 violent
[váiələnt]

형 폭력적인
파 violence 폭력

□ **violent** movies
폭력적인 영화

711 superstition
[sʲùːpərstíʃən]

명 미신
파 superstitious
미신을 믿는

□ a widespread
superstition
널리 퍼진 미신

712 repairman
[ripέərmæ̀n]

명 수리공
파 repair 수리하다

□ call the **repairman**
수리공에게 전화하다

713 attitude
[ǽtitʲùːd]

명 태도

□ an encouraging
attitude
용기를 북돋아주는 태도

714 rather
[rǽðər]

부 차라리
숙 rather than
…보다는 (차라리)

□ hot rather than warm
따뜻하기보다는 더운

715 inward
[ínwərd]

형 내적인, 내부의
반 outward 외부의

□ an **inward** force
내적인 힘

716 invest
[invést]

동 투자하다
숙 invest in ~에 투자하다
파 investment 투자

□ invest time in learning
배우는 데 시간을 투자하다

717 forgive
[fərgív]

동 용서하다

□ **forgive** his mistake
그의 실수를 용서하다

718 immediately
[imíːdiətli]

부 즉시, 당장
파 immediate 즉시의

□ answer **immediately**
즉시 대답하다

719 **emphasize**
[émfəsàiz]

동 강조하다

☐ **emphasize** a principle
원칙을 강조하다

명사형인 emphasis
'강조'도 알아두세요.

720 **unforgettable**
[ʌ̀nfərɡétəbl]

형 잊을 수 없는

☐ an **unforgettable** trip
잊을 수 없는 여행

forgettable 은 '쉽게 잊혀질'이라는
반대의 의미를 가져요.

🍯 내신 기초 쌓기

 Track **36-1**

● 빈칸에 알맞은 말을 넣어 문장을 완성하세요.

1 특정 분야에서 전문가가 되는 데는 보통 10년이 넘게 걸린다.

→ It usually takes over 10 years to become a specialist in a

⬚ area.

2 네가 찾고 있는 책은 책장 맨 위 칸에 있다.

→ The book you're looking for is on the top ⬚ .

3 작은 소녀에 불과했을 때, 그녀는 움직이는 기계들에 놀랐다.

→ When she was just a little girl, she was ⬚ by
moving machines.

4 한 연구는 아이들이 폭력적인 영화에서 본 것을 모방할 수도 있다고 한다.

→ A research study says that children could copy what they see in

⬚ movies.

5 그녀는 나에게 그런 미신을 믿는 것은 어리석다고 말한다.

→ She says that it is stupid of me to believe in such a ⬚ .

6 생활방식을 당장 바꾸는 것은 어렵다.

→ It is difficult to ⬚ change your lifestyle.

/ 15점

A 다음 중 단어와 뜻이 <u>잘못</u> 연결된 것을 고르시오. **2점**

① certain - 특정한   ② drug - 책장   ③ forgive - 용서하다

④ despair - 절망   ⑤ inward - 내적인

B 다음 주어진 문장의 빈칸에 가장 적절한 단어를 고르시오. **2점**

He decided to paint his house in blue _____ than in white.

그는 집을 흰색으로 칠하기보다 차라리 파란색으로 칠하기로 결정했다.

① stylist   ② yield   ③ afford   ④ rather   ⑤ shelf

C 다음 문장을 영작할 때 <u>일곱 번째</u>로 올 단어를 보기에서 고르시오. **2점**

> **보기**　그것은 내 영화 경력에서 잊을 수 없는 순간 중 하나였다.
>
> one / film / it / of / unforgettable / my / moments / was /
> in / career / the

① film   ② one   ③ was   ④ career   ⑤ moments

D 다음 중 단어의 영영 풀이가 <u>잘못된</u> 것을 고르시오. **2점**

① heal: to become healthy and get better

② invest: to use some money with a goal of making more money

③ attitude: the way that you behave according to your thoughts

④ violent: using physical force or weapons to hurt or kill other people

⑤ superstition: belief in the existence of god

E 주어진 단어들을 우리말과 같은 뜻이 되도록 바르게 배열하시오.

1 나는 어젯밤에 수리공에게 전화했다. **3점**

(I / last / the / repairman / called / night)

_____

2 그는 한 가지 원칙을 강조했다. 즉, 연습이 완벽을 만든다. **4점**

(he / one / practice / perfect / emphasized / principle / : / makes)

_____

내신 기본 단어

 Track 37

721 **fold** [fould]	통 접다 파 folder 서류철, 폴더	☐ **fold** a piece of paper 종이를 접다
722 **motor** [móutər]	명 모터, 전동기	☐ an electric **motor** 전동기
723 **pod** [pɑd]	명 꼬투리	☐ cocoa **pods** 카카오 꼬투리
724 **architect** [ɑ́ːrkitèkt]	명 건축가 파 architecture 건축	☐ a famous **architect** 유명한 건축가
725 **praise** [preiz]	통 칭찬하다	☐ be **praised** by the teacher 선생님께 칭찬받다
726 **endless** [éndlis]	형 끝없는	☐ **endless** efforts 끝없는 노력
727 **barrier** [bǽriər]	명 장벽, 장애물 유 barricade	☐ the language **barrier** 언어 장벽
728 **seriously** [sí(ː)əriəsli]	부 심각하게 파 serious 진지한, 심각한	☐ take the matter **seriously** 그 문제를 심각하게 받아들이다

729 dough
[dou]

명 반죽

□ make **dough** by herself
그녀 스스로 반죽을 만들다

730 irregularly
[irégjulərli]

부 불규칙적으로
반 regularly 규칙적으로

□ eat **irregularly**
불규칙적으로 먹다

731 college
[kálidʒ]

명 대학

□ the **college** entrance examination
대학 입학 시험

732 broadcast
[brɔ́:dkæst]

명 방송
동 방송하다
• broadcast-
  broadcast(ed)-
  broadcast(ed)

□ after the **broadcast**
방송 후에
□ be **broadcast** around the world
전 세계에 방송되다

733 gardener
[gáːrdnər]

명 정원사
파 garden
정원; 정원을 만들다

□ the master **gardener**
일류 정원사

734 suitcase
[sjúːtkèis]

명 여행 가방

□ pack a **suitcase**
여행 가방을 싸다

735 treatment
[tríːtmənt]

명 치료
파 treat 다루다, 치료하다

□ medical **treatment**
의학적 치료

736 ceremony
[sérəmòuni]

명 의식, 예식

□ a graduation **ceremony**
졸업식

737 mathematical
[mæ̀θəmǽtikəl]

형 수학의
파 mathematics 수학

□ a basic **mathematical** concept
기본적인 수학 개념

738 nosebleed
[nóuzblìːd]

명 코피
참 bleed 피를 흘리다

□ have a **nosebleed**
코피가 나다

내신 심화 단어

739 aptitude
[ǽptitjùːd]
명 적성
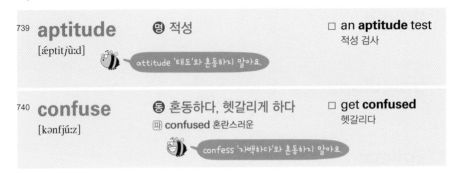
attitude '태도'와 혼동하지 말아요.

□ an **aptitude** test
적성 검사

740 confuse
[kənfjúːz]
동 혼동하다, 헷갈리게 하다
형 confused 혼란스러운
confess '자백하다'와 혼동하지 말아요.

□ get **confused**
헷갈리다

내신 기초 쌓기

 Track **37-1**

● 빈칸에 알맞은 말을 넣어 문장을 완성하세요.

1 그녀는 정사각형을 만들기 위해 종이를 접어 윗부분을 잘랐다.

→ She [   ] the piece of paper to make a square and then cut off the top.

2 그녀는 모든 사람이 존경하는 유명한 건축가가 되고 싶어 했다.

→ She wanted to be a famous [   ] who everyone would respect.

3 그의 끝없는 노력이 마침내 성공을 거두었다.

→ His [   ] efforts finally paid off.

4 불규칙하게 먹는 것은 건강에 좋지 않다.

→ It is not good for your health to eat [   ].

5 방송 후, 많은 시청자들이 제보를 하려고 방송국에 전화했다.

→ After the [   ], a lot of viewers called the station to come forward with information.

6 수백 명의 환자들이 의료 처치를 받기 위해 며칠 동안 대기한다.

→ Hundreds of patients wait for days for medical [   ].

오답률 20%

A 다음 중 단어와 뜻이 **잘못** 연결된 것을 고르시오. **2점**

① broadcast - 방송　　② pod - 꼬투리　　③ mathematical - 수학의

④ dough - 반죽　　⑤ treatment - 전동기

오답률 25%

B 다음 주어진 문장의 빈칸에 가장 적절한 단어를 고르시오. **2점**

One day, he suddenly packed his _____ and left the house.

어느 날, 그가 갑자기 여행 가방을 싸더니 집을 떠났다.

① suitcase　　② college　　③ motor　　④ barrier　　⑤ ceremony

오답률 30%

C 다음 문장을 영작할 때 **네 번째**로 올 단어를 보기에서 고르시오. **2점**

> **보기**　너무 심각하게 받아들이지 마.
> take / so / seriously / don't / it

① so　　② seriously　　③ don't　　④ take　　⑤ it

오답률 50%

D 다음 중 단어의 영영 풀이가 **잘못된** 것을 고르시오. **2점**

① endless: lasting for a long time or forever

② nosebleed: a pain in your head and neck

③ gardener: someone who works in other people's gardens

④ fold: to bend something to make one part cover another part

⑤ architect: someone who designs buildings

오답률 80%

E 주어진 단어들을 우리말과 같은 뜻이 되도록 바르게 배열하시오.

1 그녀는 뛰어난 스케이팅 기술로 칭송받고 있다. **3점**

(she / is / for / excellent / her / skating / praised / skills)

_____

2 그 적성 검사에 따르면, 사업이 내 성격에 딱 맞는다고 한다. **4점**

(to / according / my / personality perfectly / business / aptitude / test / suits / the)

_____

DAY 38

🔶 내신 기본 단어

 Track 38

741 **cab** [kæb]	명 택시, (옛날) 승객용 마차 혼 cap 모자	☐ a **cab** driver 택시 기사 [마부]
742 **kit** [kit]	명 통, 상자	☐ a first-aid **kit** 구급상자
743 **clue** [kluː]	명 실마리, 단서 파 clueless 단서가 없는	☐ the only **clue** 유일한 실마리
744 **surf** [səːrf]	동 검색하다	☐ **surf** the Internet 인터넷을 검색하다
745 **capture** [kǽptʃər]	동 1 붙잡다 2 사로잡다	☐ **capture** a spy 간첩을 생포하다 ☐ **capture** our attention 우리의 관심을 사로잡다
746 **bookmark** [búkmàːrk]	명 책갈피	☐ sticky **bookmarks** 접착성 책갈피
747 **poorly** [púərli]	부 서투르게, 형편없이 파 poor 서투른, 가난한	☐ **poorly** prepared 준비가 제대로 돼 있지 않은
748 **unpopular** [ʌnpápjulər]	형 인기가 없는 반 popular 인기가 있는	☐ an **unpopular** subject 인기가 없는 과목

749	**pipeline** [páiplàin]	📗 관로, 파이프라인	☐ by **pipelines** 파이프라인으로
750	**campsite** [kǽmpsàit]	📗 캠프장, 야영지	☐ a **campsite** in a national park 국립 공원 내 캠프장
751	**bunch** [bʌntʃ]	📗 다발, 묶음	☐ a **bunch** of papers 종이 한 묶음
752	**freshman** [fréʃmən]	📗 신입생	☐ a **freshman** in college 대학교 신입생
753	**walnut** [wɔ́:lnʌ̀t]	📗 호두	☐ **walnut** pie 호두 파이
754	**society** [səsáiəti]	📗 사회 📘 social 사회의	☐ a multicultural **society** 다문화 사회
755	**directly** [diréktli]	📙 직접적으로 📘 direct 직접적인	☐ influence him **directly** 그에게 직접적으로 영향을 미치다
756	**recognize** [rékəgnàiz]	📕 알아보다	☐ **recognize** my old friend 옛 친구를 알아보다
757	**humanity** [hju:mǽnəti]	📗 인류애	☐ shared **humanity** 공통된 인류애
758	**funeral** [fjú:nərəl]	📗 장례식	☐ after the **funeral** 장례식이 끝난 후에

내신 심화 단어

759 **identity**
[aidéntəti]

명 정체성, 독자성

형용사 identical('동일한'과 혼동하지 말아요.

☐ have a strong **identity**
주체성이 강하다

760 **forgetfulness**
[fərgétfəlnis]

명 건망증

형 forgetful 건망증이 있는

☐ show her **forgetfulness**
건망증을 보이다

내신 기초 쌓기

Track **38-1**

● 빈칸에 알맞은 말을 넣어 문장을 완성하세요.

1 이 빨간 신발이 그녀의 존재에 대한 유일한 실마리이다.

→ These red shoes are the only ⬚⬚⬚ to her existence.

2 나는 한가할 때 인터넷을 검색하는 것을 좋아한다.

→ I like to ⬚⬚⬚ the Internet in my spare time.

3 그는 모든 사람들이 매우 좋아하는 유용한 접착성 책갈피를 발명했다.

→ He invented useful sticky ⬚⬚⬚ that are loved by everybody.

4 페도라를 쓴 저 나이 든 남자가 대학교 신입생이라는 게 믿겨지니?

→ Can you believe that the old man who wears a fedora is

a ⬚⬚⬚ in college?

5 약간의 호두와 물로 그녀는 2주 동안 살아남을 수 있었다.

→ Some ⬚⬚⬚ and a small amount of water allowed her to
live for two weeks.

6 말은 사람들의 기분에 직접적으로 영향을 미치므로 말할 때 조심해야 한다.

→ Words can influence people's feelings ⬚⬚⬚ , so you
should be careful when talking.

내신 실전 문제

/ 15점

오답률 20%

A 다음 중 단어와 뜻이 <u>잘못</u> 연결된 것을 고르시오. 2점

① directly - 직접적으로   ② surf- 실마리   ③ bookmark - 책갈피

④ kit - 통   ⑤ poorly- 서투르게

오답률 25%

B 다음 주어진 문장의 빈칸에 가장 적절한 단어를 고르시오. 2점

At first, I didn't _____ her because she looked totally different.

그녀가 완전히 달라 보였기 때문에 나는 처음에는 그녀를 알아보지 못했다.

① pipeline   ② bunch   ③ society   ④ recognize   ⑤ identity

오답률 30%

C 다음 문장을 영작할 때 네 번째로 올 단어를 보기에서 고르시오. 2점

> **보기**   그는 마부였고 말에게 상냥했다.
>
> he / was / gentle / horses / a / cab / was / driver / and / with / the

① gentle   ② cab   ③ with   ④ driver   ⑤ horses

오답률 50%

D 다음 중 단어의 영영 풀이가 <u>잘못된</u> 것을 고르시오. 2점

① clue: something that can help to find the answer or solve the problem

② forgetfulness: to catch someone or an animal

③ humanity: the quality of being humane

④ recognize: to know who a person is or what something is

⑤ freshman: a student in the first year at a university or college

오답률 80%

E 주어진 단어들을 우리말과 같은 뜻이 되도록 바르게 배열하시오.

1 이 직업은 인기가 없기 때문에 지원자가 거의 없다. 3점

(applicants / because / this / there / are / unpopular / job / few / is)

_____

2 거의 모든 학생들이 교장 선생님의 장례식에 참석했다. 4점

(principal's / almost / the / funeral / attended / all / the / students)

_____

DAY
39

내신 기본 단어

 Track **39**

761 **salty** [sɔ́:lti]	형 짠, 소금기가 있는	□ become **salty** 소금기가 많아지다
762 **wheel** [hwi:l]	명 바퀴	□ balance on one **wheel** 한쪽 바퀴로 균형을 유지하다
763 **narrow** [nǽrou]	형 좁은 반 wide 넓은	□ a **narrow** street 좁은 거리
764 **exactly** [igzǽktli]	부 정확하게 파 exact 정확한	□ **exactly** on time 정확히 제시간에
765 **religious** [rilídʒəs]	형 종교적인 파 religion 종교	□ a **religious** place 종교적인 장소
766 **chapter** [tʃǽptər]	명 장(章), 챕터	□ the last **chapter** 마지막 장
767 **single** [síŋgl]	형 단 하나의	□ a **single** step 한 걸음
768 **dynamic** [dainǽmik]	형 역동적인	□ **dynamic** dance movements 역동적인 춤 동작

162

769	**chop** [tʃɑp]	통 (장작을) 패다	☐ **chop** wood 장작을 패다

770 location [loukéiʃən]
명 장소, 위치
파 locate 위치를 찾아내다
☐ move to another **location**
다른 장소로 옮기다

771 therapy [θérəpi]
명 요법, 치료
☐ music **therapy**
음악 요법[치료]

772 literature [lítərətʃùər]
명 문학
☐ a **literature** museum
문학 박물관

773 translate [trænsléit]
통 번역하다
파 translation 번역
☐ **translate** Korean into English
한국어를 영어로 번역하다

774 arrival [əráivəl]
명 도착
파 arrive 도착하다
반 departure 출발
☐ after his **arrival**
그의 도착 후

775 earthquake [ə́:rθkwèik]
명 지진
☐ during an **earthquake**
지진이 발생할 때

776 downtown [dàuntáun]
부 시내에
☐ go **downtown**
시내에 가다

777 research [risə́:rtʃ]
명 연구
☐ according to recent **research**
최근 연구에 따르면

778 computerize [kəmpjú:təràiz]
통 자동화하다, 컴퓨터로 처리하다
☐ a **computerized** robot
자동화된 로봇

779 **disturb**
[distə́:rb]

동 방해하다

같은 의미로 쓰이는 동사 interrupt도 함께 알아두세요.

☐ **disturb** my rest
내 휴식을 방해하다

780 **knowledge**
[nálidʒ]

명 지식

☐ a shortage of **knowledge**
지식의 부족

🐝 **내신 기초 쌓기**

Track 39-1

● 빈칸에 알맞은 말을 넣어 문장을 완성하세요.

1 그 땅에는 소금기가 많아져서 사람들은 더 이상 작물을 재배할 수 없었다.

→ The land became so [　　　　　　] that people couldn't grow crops anymore.

2 나는 시간을 소중히 여기기 때문에 약속 시간을 정확히 맞추려고 노력한다.

→ I value time, so I try to be [　　　　　　] on time for appointments.

3 원한다면 언제든지 와서 장작을 패도 된다.

→ If you want, I'll let you come and [　　　　　　] wood anytime.

4 내가 제일 좋아하는 레스토랑이 다른 장소로 옮겼다.

→ My favorite restaurant has moved to another [　　　　　　].

5 그는 현재 김소월의 시를 영어로 번역 중이라고 한다.

→ It is said that he is now working to [　　　　　　] Kim Sowol's poetry into English.

6 소형 자동화 로봇이 건강에 해로운 세포 조직을 건강한 조직으로 바꿔줄 것이다.

→ Small [　　　　　　] robots will change unhealthy cellular tissue into healthy tissue.

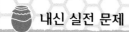

오답률 20%

A 다음 중 단어와 뜻이 <u>잘못</u> 연결된 것을 고르시오. **2점**

① exactly - 정확하게 ② single - 단 하나의 ③ religious - 문학

④ wheel - 바퀴 ⑤ salty - 짠

오답률 25%

B 다음 주어진 문장의 빈칸에 가장 적절한 단어를 고르시오. **2점**

During a(n) _____, you should stay calm and get out of the building.

지진이 발생할 때는 침착함을 유지하며 건물에서 빠져나와야 한다.

① chapter ② knowledge ③ therapy ④ earthquake ⑤ downtown

오답률 30%

C 다음 문장을 영작할 때 세 번째로 올 단어를 보기에서 고르시오. **2점**

> **보기** 그 음악 치료 수업은 내게 마음의 안정과 평화를 주었다.
> music / class / me / a / peace / the / therapy / gave / state /
> the / balance / and / of

① class ② therapy ③ balance ④ peace ⑤ gave

오답률 50%

D 다음 중 단어의 영영 풀이가 <u>잘못된</u> 것을 고르시오. **2점**

① narrow: measuring a very small distance from one to the other side

② location: a place where something is situated

③ arrival: a situation in which a person goes away

④ dynamic: be full of energy or full of exciting feelings

⑤ research: careful study of a subject

오답률 80%

E 주어진 단어들을 우리말과 같은 뜻이 되도록 바르게 배열하시오.

1 나는 누군가 내 휴식을 방해하면 불쾌하다. **4점**

(when / I / someone / feel / my / rest / disturbs / unpleasant)

_____

2 박경리 문학 박물관에 가 본 적 있니? **3점**

(you / Park Kyung-Ri Literature Museum / the / have / ever / to / been)

_____

DAY 40

내신 기본 단어

781	**genre** [ʒɑ́:ŋrə]	명 장르	☐ a **genre** of music 음악 장르
782	**comedy** [kɑ́midi]	명 코미디	☐ a blend of **comedy** and action 코미디와 액션의 혼합
783	**eastern** [í:stərn]	형 동양의 참 western 서양의	☐ **eastern** medicine 동양 의학
784	**overeat** [òuvərí:t]	동 과식하다	☐ a habit of **overeating** 과식 습관
785	**baseman** [béismən]	명 《야구》 (1, 2, 3)루수	☐ the first **baseman** 1루수
786	**gasoline** [ɡǽsəlìːn]	명 휘발유	☐ enough **gasoline** 충분한 휘발유
787	**addicted** [ədíktid]	형 중독된 파 addiction 중독	☐ **addicted** to computer games 컴퓨터 게임에 중독된
788	**technology** [teknɑ́lədʒi]	명 (과학) 기술	☐ modern **technology** 현대 과학 기술

789 **admit**
[ədmít]
동 인정하다
□ **admit** the truth
진실을 인정하다

790 **dioxide**
[daiáksaid]
명 이산화물
□ carbon **dioxide**
이산화탄소

791 **refresh**
[rifréʃ]
동 상쾌하게 하다
파 refreshed
(기분이) 상쾌한
□ be **refreshed** and healthier
상쾌해지고 더 건강해지다
□ feel refreshed
기분이 상쾌해지다

792 **incident**
[ínsidənt]
명 사건
혼 accident 사고, 사건
□ an interesting **incident**
재미있는 사건

793 **dropping**
[drápiŋ]
명 배설물
□ cow **droppings**
소의 배설물

794 **withstand**
[wiðstǽnd]
동 견뎌내다
□ **withstand** earthquakes
지진을 견뎌내다

795 **imaginative**
[imǽdʒənətiv]
형 상상력이 풍부한
파 imagination 상상
□ an **imaginative** cartoonist
상상력이 풍부한 만화가

796 **necessarily**
[nèsəsérəli]
부 반드시, 꼭
파 necessary 필요한
□ not **necessarily** true
반드시 사실은 아닌

797 **encouragement**
[inkə́:ridʒmənt]
명 격려
파 encourage 격려하다
□ kind words of **encouragement**
친절한 격려의 말

798 **underdeveloped**
[ʌ̀ndərdivéləpt]
형 저개발의
□ **underdeveloped** countries
저개발국

🔵 내신 심화 단어

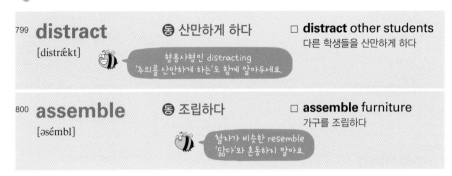

799 **distract**
[distrǽkt]
동 산만하게 하다
형용사형인 distracting
'주의를 산만하게 하는'도 함께 알아두세요.
☐ **distract** other students
다른 학생들을 산만하게 하다

800 **assemble**
[əsémbl]
동 조립하다
철자가 비슷한 resemble
'닮다'와 혼동하지 말아요.
☐ **assemble** furniture
가구를 조립하다

🔶 내신 기초 쌓기

Track **40-1**

● 빈칸에 알맞은 말을 넣어 문장을 완성하세요.

1 궁중 의식 음악인 '아악'은 한국 전통 음악의 한 장르이다.

→ *Aak*, which is ceremonial court music, is a ⬚ of traditional Korean music.

2 이 영화는 코미디와 액션이 혼합되어 있다.

→ This movie contains a blend of ⬚ and action.

3 너는 과식하는 나쁜 습관을 버려야 한다.

→ You should get rid of your bad habit of ⬚.

4 우리가 배출하는 이산화탄소 양을 줄이기 위한 방법에 대해 생각해 보자.

→ Let's think about ways to reduce the amount of carbon ⬚ we emit.

5 사람들이 만나는 사람 모두를 꼭 좋아하지는 않는다고 생각한다.

→ I think people don't ⬚ like everybody they meet.

6 Angelina는 매년 가난한 아이들을 돕기 위해 많은 저개발국에 간다.

→ Angelina goes to many ⬚ countries to help poor children every year.

/ 15점

오답률 20%

A 다음 중 단어와 뜻이 <u>잘못</u> 연결된 것을 고르시오. 2점

① baseman - 투수　② dropping - 배설물　③ withstand - 견뎌내다

④ gasoline - 휘발유　⑤ assemble - 조립하다

오답률 25%

B 다음 주어진 문장의 빈칸에 가장 적절한 단어를 고르시오. 2점

I'd like to say that I really thank you for your _____.

당신의 격려에 정말 감사하다고 말씀 드리고 싶습니다.

① dioxide　② refresh　③ baseman　④ overeat　⑤ encouragement

오답률 30%

C 다음 문장을 영작할 때 <u>두 번째</u>로 올 단어를 보기에서 고르시오. 2점

> 보기
>
> 현대 기술은 우리의 삶을 훨씬 더 좋고 편리하게 해준다.
>
> better / much / more / makes / our / lives / modern /
> convenient / technology / and

① better　② makes　③ modern　④ technology　⑤ lives

오답률 50%

D 다음 중 단어의 영영 풀이가 <u>잘못된</u> 것을 고르시오. 2점

① genre: a particular style of literature, painting, music, etc.

② eastern: the general way that someone is moving to

③ overeat: to eat more than someone needs to or should

④ admit: to agree to or accept something

⑤ incident: something that happens usually with unpleasant consequences

오답률 80%

E 주어진 단어들을 우리말과 같은 뜻이 되도록 바르게 배열하시오.

1 그 시끄러운 음악 때문에 내 주의가 흐트러졌다. 3점

(music / loud / distracted / was / I / the / by)

_____

2 많은 아이들이 휴대전화에 적잖이 중독되어 있다. 4점

(children / addicted / many / are / quite / cell phones / to)

_____

정답

● Index

정답

DAY 01

내신 기초 쌓기

1 pace　　　　**2** crime
3 afterward　　**4** sickness
5 satisfy　　　**6** development

내신 실전 문제

A ⑤　　　B ②　　　C ③　　　D ④

E **1** Storm clouds are forming on the horizon.

　2 Cindy transformed the old tires into wonderful works of art.

DAY 02

내신 기초 쌓기

1 outgoing　　　**2** lightweight
3 Indeed　　　　**4** inner
5 beep　　　　　**6** odor

내신 실전 문제

A ⑤　　　B ②　　　C ④　　　D ⑤

E **1** Jennifer looked at me and frowned.

　2 It is not easy for you to have the absolute freedom of choice.

DAY 03

내신 기초 쌓기

1 shortcut　　　**2** suit
3 bathe　　　　**4** Laughter
5 grave　　　　**6** fertilizer

내신 실전 문제

A ③　　　B ③　　　C ①　　　D ③

E **1** LED light bulbs will save your money in the long term.

　2 Potential energy is the energy resulting from the position of an object.

DAY 04

내신 기초 쌓기

1 totally　　**2** properly　　**3** statement
4 emotions　**5** worship　　**6** dozen

내신 실전 문제

A ①　　　B ①　　　C ②　　　D ①

E **1** You have to be aware of what you are doing.

　2 Jennifer was working in the company as a secretary.
　(= Jennifer was working as a secretary in the company.)

DAY 05

내신 기초 쌓기

1 exception　　　**2** remote
3 scent　　　　　**4** confidence
5 automatically　**6** scratch

내신 실전 문제

A ⑤　　　B ①　　　C ④　　　D ④

E **1** Peter presented his driver's license to the police.

　2 Mike has lost his appetite since the exam. (= Since the exam, Mike has lost his appetite.)

DAY 06

내신 기초 쌓기

1 checkup   **2** selfish

3 ignore   **4** relaxed

5 stormy   **6** reptiles

내신 실전 문제

A ④   B ②   C ④   D ④

E **1** My friends like to shop at clearance sales.

   2 I get an itch all over my body if I eat fish. (= If I eat fish, I get an itch all over my body.)

DAY 07

내신 기초 쌓기

1 External   **2** plaza

3 imported   **4** operate

5 pretend   **6** swimwear

내신 실전 문제

A ④   B ③   C ⑤   D ⑤

E **1** The pain made her burst into tears.

   2 They tried to deceive her by telling a lie.

DAY 08

내신 기초 쌓기

1 maze   **2** Frankly

3 Slippery   **4** priceless

5 departure   **6** surgery

내신 실전 문제

A ②   B ②   C ③   D ②

E **1** Are you confident that you will reach your target?

   2 As the son of a minister, Peter lived a very humble and religious life.

DAY 09

내신 기초 쌓기

1 acorn   **2** robber

3 response   **4** lung

5 safety   **6** badly

내신 실전 문제

A ③   B ③   C ①   D ④

E **1** The product could appeal to various age groups.

   2 What Jennifer wanted to do was to become a car mechanic.

DAY 10

내신 기초 쌓기

1 guard   **2** shabby

3 Tragically   **4** flexible

5 instant   **6** doorstep

내신 실전 문제

A ④   B ①   C ⑤   D ②

E **1** Global warming is not only an environmental issue.

   2 Simon is a walking encyclopedia on early 20th century popular music.

DAY 11

내신 기초 쌓기

1 wireless
2 famine
3 refer
4 waterless
5 rope
6 gossip

내신 실전 문제

A ④　　B ②　　C ①　　D ⑤

E 1 Divers were sent in to examine the bottom of the rivers.
　 2 She is interested in environmental protection in Antarctica.

DAY 12

내신 기초 쌓기

1 Revolution
2 insurance
3 battery
4 kindergarten
5 fantasy
6 highly

내신 실전 문제

A ②　　B ④　　C ④　　D ③

E 1 Simon is helping Minji to unpack in the bedroom. (= In the bedroom, Simon is helping Minji to unpack.)
　 2 Will asked me to vacuum the inside of the car.

DAY 13

내신 기초 쌓기

1 Recent
2 scholars
3 farmhouse
4 approval
5 collection
6 lighthouse

내신 실전 문제

A ④　　B ②　　C ③　　D ④

E 1 I need a container that looks like a wine barrel.
　 2 Her studies played an important role in the early history of chemistry.

DAY 14

내신 기초 쌓기

1 licked
2 physics
3 grab
4 flare
5 dwellers
6 Pacific

내신 실전 문제

A ②　　B ①　　C ④　　D ⑤

E 1 They use an earthen jar to keep the water cool.
　 2 The view from the top of the mountain is quite breathtaking.

DAY 15

내신 기초 쌓기

1 logic
2 counter
3 terrific
4 wrapped
5 excitedly
6 factors

내신 실전 문제

A ②　　B ①　　C ③　　D ②

E 1 The hyena started to attack the smaller animal.
　 2 Sand and pebbles will sink to the bottom of the bowl.

DAY 16

내신 기초 쌓기

1 aggressive **2** decline
3 advertise **4** stream
5 sidewalk **6** admire

내신 실전 문제

A ⑤ B ③ C ③ D ②

E **1** Kate's mother has dedicated her life to the poor.

2 Jennifer is one of the most passionate students I know.

DAY 17

내신 기초 쌓기

1 elsewhere **2** Select
3 sensitive **4** ratio
5 diverse **6** fatty

내신 실전 문제

A ④ B ② C ③ D ①

E **1** Can you show me how to shoot an arrow?

2 His father forced him to go to the Air Force Academy.

DAY 18

내신 기초 쌓기

1 pursuing **2** nearly
3 struggled **4** relation
5 injured **6** benefit

내신 실전 문제

A ② B ④ C ① D ④

E **1** She graduated from college with high grades.

2 The city authorities thought such a map would confuse people.

DAY 19

내신 기초 쌓기

1 tossed **2** liver
3 threatening **4** casts
5 lanterns **6** Alternating

내신 실전 문제

A ③ B ⑤ C ④ D ⑤

E **1** I completely disagree with you.

2 When water evaporates, it changes from a liquid to a gas.(= Water changes from a liquid to a gas when it evaporates.)

DAY 20

내신 기초 쌓기

1 internal **2** whether
3 sum **4** cabinet
5 herb **6** countryside

내신 실전 문제

A ① B ④ C ④ D ①

E **1** You must take pride in everything you do.

2 A stranger with the look of liquor knocked at the door.

DAY 21

내신 기초 쌓기

1 sighed   **2** calories
3 rural   **4** scooped
5 Curl   **6** germs

내신 실전 문제

A ④   B ③   C ④   D ③

E **1** I get thrilled when I am on stage.
(= When I am on stage, I get thrilled.)
  2 We discussed environmental problems and green energy.

DAY 22

내신 기초 쌓기

1 Constant   **2** gravity
3 glow   **4** myth
5 defined   **6** charcoal

내신 실전 문제

A ④   B ②   C ①   D ②

E **1** We ate a lovely dinner under the moonlight.
  2 Don't include more than one controlling idea in a paragraph.

DAY 23

내신 기초 쌓기

1 intellectual   **2** Soak
3 strategy   **4** gratitude
5 cattle   **6** quit

내신 실전 문제

A ②   B ⑤   C ①   D ④

E **1** He seemed to be a good-humored man.
  2 They may have a different interpretation of the events.

DAY 24

내신 기초 쌓기

1 tournament   **2** curiously
3 motion   **4** continuous
5 labor   **6** sprained

내신 실전 문제

A ②   B ③   C ①   D ④

E **1** The sisters kept wandering around the room.
  2 The runners who have finished the race look exhausted.

DAY 25

내신 기초 쌓기

1 celebrity   **2** castle
3 vertical   **4** Therefore
5 buries   **6** outfield

내신 실전 문제

A ③   B ④   C ②   D ①

E **1** The research findings will be published next month.
  2 This year's festival promotes the globalization of kimchi.

DAY 26

내신 기초 쌓기

1 messy **2** dipped
3 option **4** population
5 obeys **6** delight

내신 실전 문제

A ③ B ④ C ⑤ D ④

E **1** Look at the cloud that looks like a mummy.

 2 It seems that the child needs some counseling.

DAY 27

내신 기초 쌓기

1 theme **2** scientific
3 paused **4** politely
5 fuel **6** plot

내신 실전 문제

A ④ B ③ C ① D ④

E **1** He described the situation in a very witty way.

 2 Have you ever had an embarrassing moment because of your pet's name?

DAY 28

내신 기초 쌓기

1 roast **2** unfeeling
3 scarcity (shortage) **4** reversed
5 cultivate **6** cruel

내신 실전 문제

A ④ B ① C ① D ④

E **1** Our visit to Taiwan was a pleasant experience.

 2 Simon has a scar that covers most of his left leg.

DAY 29

내신 기초 쌓기

1 stuff **2** recommend
3 bind **4** successfully
5 bleed **6** bookshelf (bookshelves)

내신 실전 문제

A ⑤ B ② C ④ D ④

E **1** The lecture on various conversational styles was great.

 2 I couldn't make sense of his explanation.

DAY 30

내신 기초 쌓기

1 arrange **2** creation
3 wealth **4** honestly
5 diagram **6** pump

내신 실전 문제

A ① B ② C ① D ④

E **1** Each component is a critical part of the radar system.

 2 I would like you to experience an exciting spacewalk.

DAY 31

내신 기초 쌓기

1 mop   **2** dull

3 boastful   **4** Imitation

5 scatter   **6** per

내신 실전 문제

A ④   B ⑤   C ⑤   D ③

E **1** I don't know why she wants to be a TV news anchor.

    2 The popcorn will soon begin to bounce around inside the pot.

DAY 32

내신 기초 쌓기

1 triangle   **2** principle

3 equals   **4** comforting

5 advances   **6** gun

내신 실전 문제

A ⑤   B ①   C ①   D ④

E **1** I plan to take a computer course next semester.

    2 Brian informed me of a good way to relieve my anger.

DAY 33

내신 기초 쌓기

1 sudden   **2** magical

3 brief   **4** retired

5 chime   **6** stool

내신 실전 문제

A ④   B ②   C ④   D ③

E **1** Pull into that convenience store, and I'll buy more tissues.

    2 I hope those historical Korean treasures won't be lost forever.

DAY 34

내신 기초 쌓기

1 eager   **2** Shortly

3 fractions   **4** Congress

5 practical   **6** *Fellowship*

내신 실전 문제

A ②   B ④   C ④   D ④

E **1** The steel brace was attached to his special shoes.

    2 Every student punctuated the sentence incorrectly. (= Every student incorrectly punctuated the sentence.)

DAY 35

내신 기초 쌓기

1 maintain   **2** mixture   **3** beyond

4 possibility   **5** screen   **6** sculptures

내신 실전 문제

A ②   B ⑤   C ②   D ④

E **1** This traditional Korean soup uses anchovy broth as its base.

    2 For his great achievements, he is called the Gandhi of Korea.
(= He is called the Gandhi of Korea for his great achievements.)

DAY 36

내신 기초 쌓기

1 certain   **2** shelf
3 amazed   **4** violent
5 superstition   **6** immediately

내신 실전 문제

A ②   B ④   C ⑤   D ⑤

E **1** I called the repairman last night.

    2 He emphasized one principle: Practice makes perfect.

DAY 37

내신 기초 쌓기

1 folded   **2** architect
3 endless   **4** irregularly
5 broadcast   **6** treatment

내신 실전 문제

A ⑤   B ①   C ①   D ②

E **1** She is praised for her excellent skating skills.

    2 According to the aptitude test, business suits my personality perfectly.

DAY 38

내신 기초 쌓기

1 clue   **2** surf
3 bookmarks   **4** freshman
5 walnuts   **6** directly

내신 실전 문제

A ②   B ④   C ②   D ②

E **1** There are few applicants because this job is unpopular. (= Because this job is unpopular, there are few applicants.)

    2 Almost all the students attended the principal's funeral.

DAY 39

내신 기초 쌓기

1 salty   **2** exactly
3 chop   **4** location
5 translate   **6** computerized

내신 실전 문제

A ③   B ④   C ②   D ③

E **1** I feel unpleasant when someone disturbs my rest. (= When someone disturbs my rest, I feel unpleasant.)

    2 Have you ever been to the Park Kyung-Ri Literature Museum?

DAY 40

내신 기초 쌓기

1 genre   **2** comedy
3 overeating   **4** dioxide
5 necessarily   **6** underdeveloped

내신 실전 문제

A ①   B ⑤   C ④   D ②

E **1** I was distracted by the loud music.

    2 Many children are quite addicted to cell phones.

Index

중등권장어휘
교과서 빈도순

Memo

Memo

Memo